いま、哲学が始まる。

明大文学部からの挑戦

池田喬　垣内景子　合田正人
坂本邦暢　志野好伸

明治大学出版会

目次

第6章 自立と依存——哲学的考察の行方……池田喬……171

序章——哲学始めていいですか？……合田正人

1

なるほど、いろいろな始まりがあります。私たちの周囲には「初〜」「新〜」がいっぱいです。だけど、「始まり」とは何でしょうか。「始まり」は本当に「始まり」なのでしょうか。当たり前のことですが、何かが始まり、何かを始めるためには、それを可能にする何かがすでに始まっていなければなりません。その限りで、「始まり」は「始まり」であるにもかかわらず何かに先立たれています。だから、「始まり」は偶然にではなくその本質からして「始まり」ではないのです。それでもなお「始まり」が「始まり」であるためには、「始まり」はそれを準備し、それを可能にしたものとの繋がりを断ち切らなければならないでしょう。

「始まり」はこのようにそれ自体が矛盾をはらんだパラドクスです。連続と不連続、接続と断絶、伝承と解体との苛烈な闘いなのです。それを点のように一箇所に固定することなど決してできはしない。河の源泉とみなされうる大地の亀裂からの湧水が一つに限定されることがなく、また、このうえもなく複雑な地下水脈を前提としているように、「始まり」は一見するとでたらめに散在し、それ自体が根茎（リゾーム）のような錯綜体なのです。

だからこそ、私たちは、何かが始まり、何かを始めるとき、「またか」というマンネリ感と「どうせ」という白けた気持ちを抱く一方で、多少なりとも緊張し、羞恥を覚えつつも、期待と不安の入り交じった感動をそのつど覚えないわけにはいかないのではないでしょうか。胸がときめくのではないでしょうか。

「始まる・始める（commencer）とは偉大な語である」、と言ってもいいかもしれません。こう書き記した一九世紀フランスの哲学者ジュール・ルキエ（一八一四―六二）は、何を始めようとしたのでしょうか、それとも何かを終わらせようとしたのでしょうか、ノルマンディーの遠浅の海岸をひたすら北の海に向かって歩き二度と戻ってきませんでした。

いみじくも『さまざまな始まり』（*Beginnings*）と題された書物を一九七五年に出版したパレスティナ（エルサレム）出身の思想家エドワード・サイード（一九三五―二〇〇三）はというと、「始まりの位置決定不可能性」こそ人間たちに「始まりへの関心」を異常なまでに抱かせるのだと記しています。サイードはジョゼフ・コンラッド（一八五七―一九二四）の小説『闇の奥』がとても好きでした。主人公で船乗りのマーロウは、海へ出て行ったルキエとは逆に、コンゴ河を遡行しながら、遡行という方位すら失われた当て所ない漂流を続けているかの思いを抱くようになります。それもそのはずです、河は支脈に分かれ、それらの支脈も毛細血管のように更に分岐し、多方向に延びていくのですから。

二〇一八年四月、明治大学文学部はその創設以来初めて「哲学専攻」を新設します。一大事件です。半年ほど前であったか、ニューヨーク州立大学バッファロー校の教授リチャード・コーエンが、「いま哲学科を作るのは世界でもお前たちだけだよ」と微笑んだことは忘れることができません。本書に収められているのは、この「始まり」を記念して、新専攻スタッフ五名が集まって語り合ったその記録であり、また、スタッフそれぞれが綴った、「始まり」に向けての思い、「始まり」に際しての呼びかけです。書き進めながら、各々がありうべき読者を思い浮かべていたはずです。ただ、それぞれの想像は、一方でもはや像を結ぶこともない遥かな者たちへと拡がりながらも、けだしここでは、一〇代から二〇代への境界地帯を生き、それをともすれば不器用に思考しながら、この思考の漂流に「哲学」という名を与えようとしている青年たち、新専攻で実際に遭遇するかもしれない青年たちへと多少なりとも傾斜せざるをえなかったのではないでしょうか。

いま、あたかも想像に遠近があるかのように語りましたが、近い、と想定された者たちが明確な像を結んでいるかと言えば決してそうではありません。彼ら・彼女らがどこからやってくるのか。どこに、何に帰属していたのか。どのような生活をしていたのか。何語を話すのか。どのようなことを考えてやってくるのか。どのようにやってくるのか。そしてどこへ行くのか。私は、私たちは、いや、当人も含めて誰もそれを知りません。その意味で、「始まり」は、そしてこの書物それ自体が「来たるべきもの」(ad-venire)でもある。だから、「挑戦」(aventure)なのです。

フランス語で「始まる・始める」を意味する語はcommencerで、この単語はcumとinitiareというラテン語から出来ています。正確な語源分析ではありませんけれど、cumが「共に」を、initiareが「入門・手ほどき」を意味するというのはとても象徴的なことではないでしょうか。このような例を出さずとも、「始まり」が新たな出会いや別離を生み、新たな出会いや別離が何かの「始まり」につながること、これは誰もが人生のなかで経験していることでしょう。たとえそれが偽りの「始まり」であれ、「始まり」と共に諸関係は変容し、その組み換えないし再編がなされるのです。

「変転と生成」——これはドイツの詩人フリードリヒ・ヘルダーリン（一七七〇—一八四三）の言葉です——と言ってもよいでしょう。このことは「始まり」なるものそれ自体の否定にもつながりかねないのですが、「始まり」は生成変化を続けるネットワークにおいてのみ、このようなネットワークとしてのみありうるのです。

五名のスタッフそれぞれ、という言い方を先ほどしましたが、この者たちのネットワークも生成変化を続けています。五名各々の「自己」もまた。そして、例えば「哲学」新専攻が置かれる明治大学文学部、その心理社会学科のネットワークも変化せざるをえないでしょう。もとより、どんな生成変化も線形的なものではなく、どのように変化するかを予想することはとてもできません。それどころか、明治大学文学部のネットワークとはどのようなものであったのか、どのようなものであるのか、その見取り図を素描するのさえ至難の業です。それを承知のうえで、筆者は高校生たちに向けてこんな話をしたことがあります。

「では、文学部はどんなあり方をしているのでしょうか。「多島海《アーキペラゴ》」、それが文学部のイメージです。エーゲ海や瀬戸内海のように、多数の、どれひとつ同じではないけれど、どこか似ているたくさんの島々が分布しているのですね。決まった中心はない。決まった端っこもない。でも集まっている。でもつながってはいない。離れている。いろんなまとまりを作ることができる。でも、全部包み込むことはすごく難しい。世界そのものが、いや宇宙もまた多島海なのですから。

こんな島々を誰がまとめるのでしょうか。それは皆さん自身なのです。逆に言うと、あらかじめ地図は存在しないということです。地図をみずから作っていく。作らないと孤絶して生存不能になってしまう。そうしながら、いくつかの島を訪れ、ある島には長く滞在したり、ある島には数日だけ滞在したり、ある島は遠くから眺めるだけにする、そんな風にして、私たちは自分に送られた手紙を読み解く術を、ひとつならざる術を学んでいくのではないでしょうか。

しかし、私たち教員は皆さんをいずれかの島でただ待っているだけではありません。私たちもどこかからその島にやってきて、また、いつか別の島に行くのかもしれないのです。

文学部はそのような海図なき大洋の航海の場所です。いろいろ基礎的なことを覚えないと遭難してしまう。風も読まなければならない。ちょっとした空の、波の異常にも気づかねばならない。でも、それはやはり楽しい航海をもたらすものなのです。文学部という多島海をぜひ訪れてみてください」(二〇一七年一一月九日)。

「多島海」を持ち出したのにはいろいろな理由があります。その一つを記しておくと、それは、「多島海」を意味するギリシャ語のarchipelagusが、「哲学」誕生のスープともいうべきエーゲ海の旧名であり、また、この語が「原-海」(主な海、archi-pelagus)をも意味し、まさに「始まり」という問題系と直結するからです。『古事記』の国造りの神話を想起する者もいるかもしれません。

このarchi-という接頭辞は、例えば「建築（術・学）」を意味するArchitecktonikという語にも冠されています。「建築術とはシステムの技法である」というドイツの哲学者エマニュエル・カント（一七二四―一八〇四）の言葉が示すように、「多島海」とは、「システムとはいかなるものか」、「システム」と単なる「寄せ集め（Aggregat）はどこで区別されるのかという問いそのものなのではないでしょうか。マルティン・ハイデガー（一八八九―一九七六）というドイツの哲学者のことはご存知でしょうか。「システムへの意志は誠実さの欠如である」というフリードリヒ・ニーチェ（一八四四―一九〇〇）の言葉を引いて「システムの断念」の不可避性を語り、「建築」ならざる「破壊」(Destruktion）を己がモットーとしながら、ハイデガーは、フリードリヒ・シェリング（一七七五―一八五四）の構想した「自由のシステム」を論じるにあたってこう言っています。

「存在への問いかけとしてのあらゆる哲学には、接合と組み立てへの傾向、つまりシステムへの傾向がひそんでいます。どんな哲学もシステム的ですが、しかし、あらゆる哲学がシステムであるとは限らず、しかも、単にその哲学が「完成」されていないからシステムになっていないというのではありません。逆に、システムへ向かっているように見えるところでも、いつもすでにシステム的な思考が、つまり哲学があるとは限りません」（『シェリング講義』新書館、七二頁、参照）。

困りました、どうやら「哲学」と「システム」との関係は一筋縄ではいかないようです。でも、その難しさこそ「多島海」の「多島海」たる所以なのではないでしょうか。事実、「多島海」は一方で何らかのパタン（定型）を呈示しつつもそのつど極度に複雑であるのみならず、プレートテクトニクスによってつねに新たな島が誕生し、既存の島が消滅していくのですから。言い換えるなら、どの島も、「始まり」と同様、固定化・局所化できず、動いている。漂流している。途上である。すべての島が「ひょっこりひょうたん島」なのです。どんな島か、ご存知ですか。

2

それにしても、なぜ明治大学に哲学科ないし哲学専攻はこれまで存在しなかったのでしょうか。本当に存在しなかったのでしょうか。存在したとすれば、なぜそれは哲学科ないし哲学専攻を名乗らなかったのでしょうか。

どんな「始まり」もそうであるように、新設「哲学専攻」もそれに先立つ何かによって準備され、その何かと断絶することでのみ始まる。この先立つ何かはいったい何だったのでしょうか。哲学専攻の新設が決まったとき、忘年会の会場で、文芸メディア専攻元教授の野毛《のげ》孝彦《たかひこ》先生に「合田君、哲学って何だよ?」と言われたことがあります。この揶揄《やゆ》とも挑発とも取れる言葉は、哲学専攻のこれまでの不在が単なる不在ではなかったことを筆者に確信させるに十分な力を持つものでした。では、不在を不在とは異質なものたらしめたのは何なのでしょうか。野毛先生は中世日本文学の研究者で、唐木《からき》順三《じゅんぞう》(一九〇四—八〇)の教えを受けた方です。あるいは、そこに何かヒントがあるのではないか——。

唐木は京都帝大にて西田幾多郎《にしだきたろう》（一八七〇―一九四五）や田辺元《たなべはじめ》（一八八五―一九六二）の教えを受け、戦後、新制明治大学文学部文芸学専攻の教授に就任しました。その唐木順三が『詩と哲学の間』と題された著作を世に問うたのは一九五七年のことでした。それに先立つこと一六年、『「いき」の構造』で著名な九鬼周造《くきしゅうぞう》（一八八八―一九四一）も、最後の著書の序で、「哲学と文学のあいだの小径」という表現を用いています。もっとも、唐木は「いきを必ずしも尊敬しない私は、やぼを軽蔑もいたしません」（『田辺元・唐木順三　往復書簡』筑摩書房、四二三頁）と言って、九鬼とのちがいを示唆しているのですが。

「哲学を軽蔑することも哲学することである」というパスカルの言葉、「哲学」の本義を「詩」とみなした若きドストエフスキーの言葉、「ホレイショーよ、天と地の間にはお前の哲学が思い描くことよりももっとたくさんのことがあるのだ」というハムレットの言葉を引き、それらを解釈しながら、唐木は、「哲学」でもあれば「文学」でもあり、「哲学」でも「文学」でもない「間」、むしろそこから「哲学」と「文学」が分岐するようなこの「間」を縦横に論じています。そしてそこに、「文学」ならざる「文芸」と「宗教」が更に絡んでくるのです。

もしかすると、哲学専攻の不在は、このような「間」をこじ開けていく、そんな動きが断絶を孕みながらも今日に至るまで通底していたということを告げているのではないでしょうか。通底している、と安直に言ってしまいましたが、様々な「間」が闘い続けてきたことを告げているのではないでしょうか。

市川浩（一九三一―二〇〇二、元明治大学商学部教授）はそれを「中間的なもの」と呼び（『〈私さがし〉と〈世界さがし〉』岩波書店、参照）、中村雄二郎（一九二五―二〇一七）は西田幾多郎を論じながらそれを「反哲学《アンチ・フィロゾフィー》」と呼び、唐木順三はそれを「無用者の系譜」、そして端的に「思想」と呼び、小林秀雄（一九〇二―八三、後述）はそれを「批評」「希哲学」（西周が当初ヒロソヒに充てた訳語）と呼び、林達夫（一八九六―一九八四、元明治大学文学部教授）はそれを「無人境のコスモポリタン」とも「思想のドラマトゥルギー」とも呼んだ。そう解釈することはできないでしょうか。

いずれ、それぞれのケースについて詳細な分析をお届けすることを約束して、ここでは、田辺元に宛てた唐木の書簡から二箇所引用するにとどめます。

「私に思想があるとは、つゆ思いませんが、思想家になりえない苦しみは、あります。（…）結局は「方法論のない方法」というようなところへゆきそうな気がします。これが、自分の生活にでてこなければ意味をなさないので、困るわけです」（前掲書、一三七頁。一九四九年四月）。

「然し、いまの私の周囲に「思想家」の少ないこと、思想家にふさわしい思考と生活をしている人は殆ど見当たりません。ニヒリズムが、底の方にあるように思われます。これは無意識の底にうずいている感覚――感情ではないかとも思います。ニヒリズムというような体系（?）、形態ではなく、そこはかとなくただよっている如何ともなしがたいもののように思います」（前掲書、一四八頁。同月）。

「風」――唐木は「間」をそう呼んでいるようにも思えるのですが、「間」、それは古今東西の「哲学」の根本問題であり、西田幾多郎の継承者のひとり、上田閑照《うえだしずてる》（一九二六―　）のように、それを「日本哲学」、とわけても、いわゆる京都学派の根本概念とみなす者もいます。しかし、例えば中村雄二郎が『西田哲学の脱構築』（一九八七）の冒頭で、西田への自分のアプローチは上田閑照のそれとは逆向きであると言っているように、先に挙げた者たちはそれぞれ、京都学派との「ずれ」のなかでこの「間」を思考しようとしたのではないでしょうか。

そうだとすると、哲学専攻をあえて作ることのなかった場所に哲学専攻を作る者たちの課題、その実践のひとつは、さらに別様に、さらに別の仕方で「間」を、まさに多島海システム、多島海ネットワークを思考することでなければならないでしょう。それはまた、今もなお「京都学派」という呼称に拘束された「日本哲学」のかたちを変えることにも必ずやつながるでしょう。

奇跡の対談とも言うべき林達夫／久野収《くのおさむ》の『思想のドラマトゥルギー』から、この点に関連して実に印象的なやり取りを引いておきます。

久野　昔ね、僕は田辺さんから「河野（與一）と林みたいになるな」と言われたことがあるんですよ。

林　それは面白いじゃない。

久野　河野さんが『田辺元全集』の第十四巻の「月報」に久野のことばとして書いておられます。「河野君は遊びながら哲学しているから困る」というのですが、実はその時、河野、林とお二人の名前があがったのです。「二人は大変できるんだが、あれでは困る……」。

林　それは初耳だ。田辺さん苦手でね。全集買わなかったが、そんな話書いてあるのなら、「月報」のために全集買う値打ちあるな。そういえば、大学の初めの頃、田辺さんが、「あの変な格好して廊下歩いている学生は誰だ」と教授室で聞いていたということを人伝にきいたことがあったが……」（『思想のドラマトゥルギー』平凡社、一六一頁）。

この話には続きがあります。林達夫、谷川徹三、三木清、戸坂潤ら東京へ去っていく者たちを、出隆《いでたかし》（一八九二―一九八〇）が「離散のユダヤ人」に倣って、「離れ者《ディアスポラ》」と呼んでいたというのです。「何のことはない、すでに在学中から、良かれ悪しかれ、われわれはこの「離れ者」だったというのが僕の考えです」（同書、一六三頁）。

「多島海」については、スタッフは各々がそれなりのイメージを抱いていることでしょう。ただ筆者に関しては、まさにこの「ディアスポラ」（撒種）がその原像なのです。

3

ここに一枚の集合写真があります。それを見つけたのは半年前のことです。一九三二年（昭和七年）四月の日付と「創設時における文芸科教師の顔合わせ会　明大記念会館において」というキャプションが添えられている。「文芸科」とありますが、これは同じ一九三二年に創設された「文科専門部」の一学科であり、その初代科長は『路傍の石』などで知られる山本有三（一八八七―

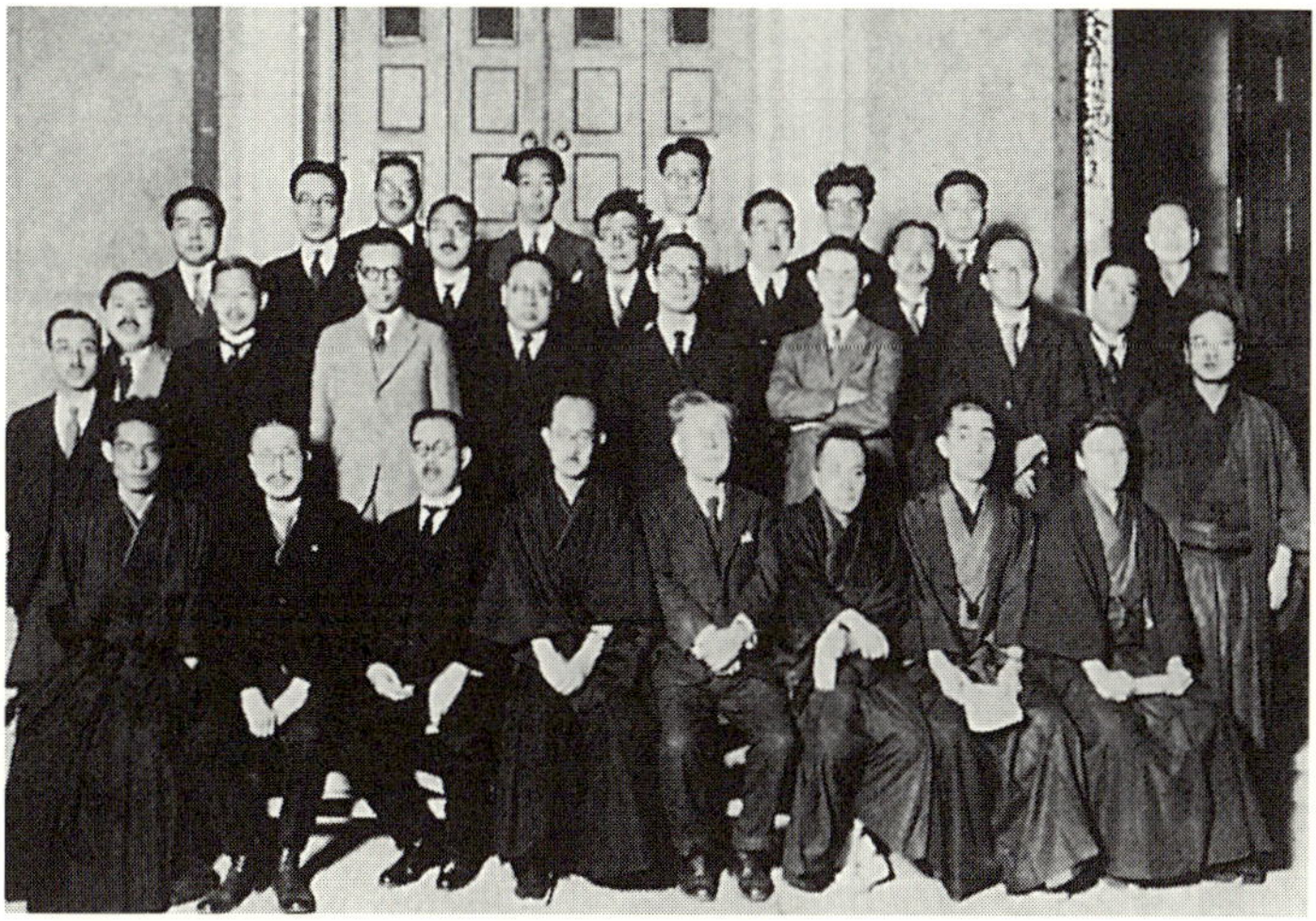

創設時における文芸科教師の顔合わせ会（1932年4月）

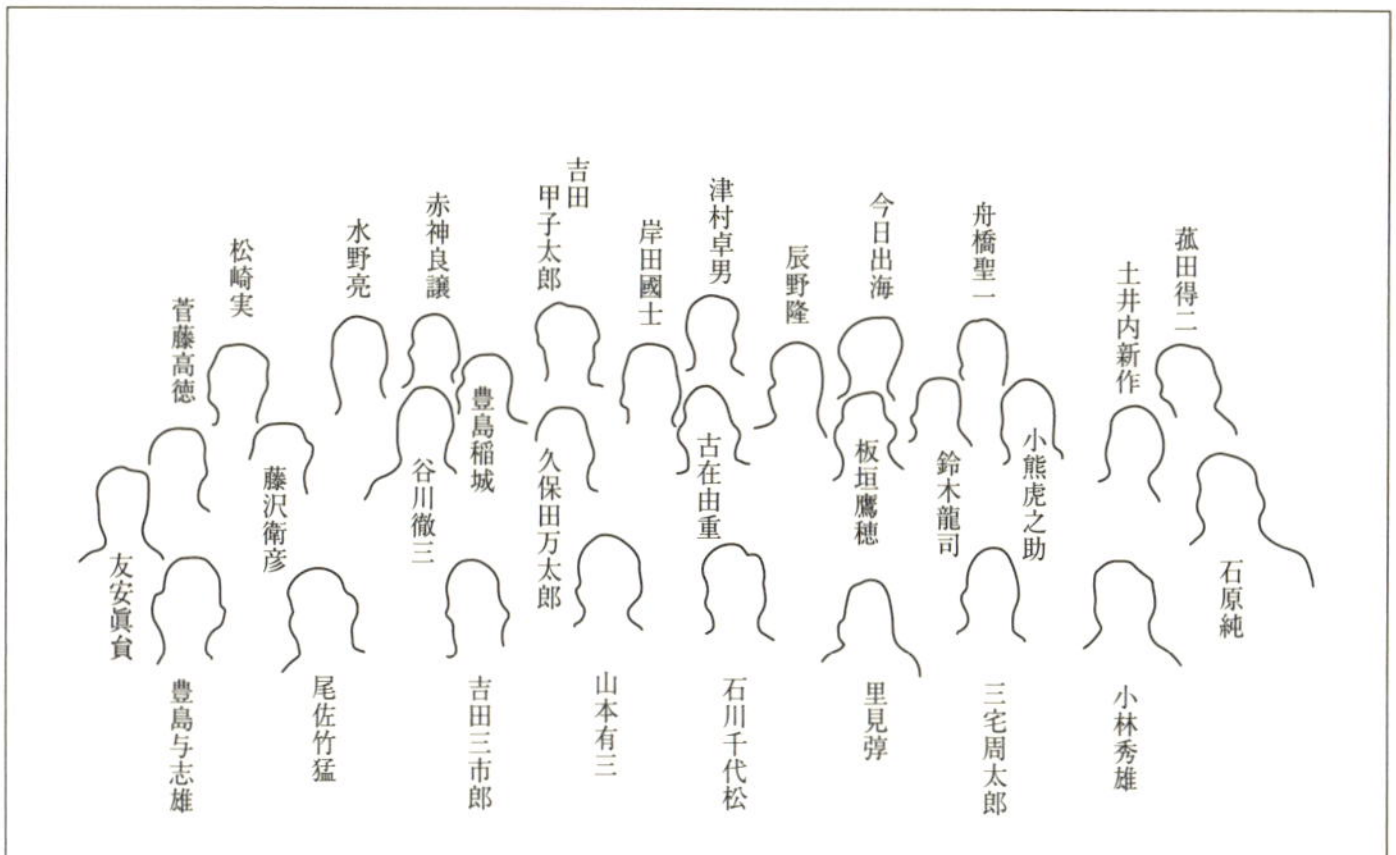

一九七四）でした。小林秀雄が明治で教鞭を執っていたことはすでに知っていたのですが、あらためてこの集合写真に感動を覚えたのは、ひとつには当時三〇歳だった小林秀雄の羽織袴姿のせいであり、いまひとつは、このときすでに法政大学哲学科教授であったはずの谷川徹三（一八九五―一九八九）の背広姿のせいでした。二人は共に、いや中村も、フランスの哲学者アラン（一八六八―一九五一）を敬愛していました。

この年、小林は「Xへの手紙」を発表しています。「様々なる意匠」はその三年前の一九二九ですね。写真を撮った翌一九三三年にはドストエフスキーの『永遠の良人』論を発表していますが、『明治大学文学部五十年史』を見ると、文科専門部発足時に小林が担当した授業として「ドストエフスキー研究」・フランス語」が挙げられています。

アンリ・ベルクソン（一八五九―一九四一）とアランという二人のフランスの哲学者の圧倒的なインパクトを受けたとはいえ、小林は「哲学」を語ることがほとんどありませんでした。その小林に実は「哲学」という題名のエセーがあるのです。『考えるヒント』に収められています。かの中江兆民《なかえちょうみん》が「わが日本、古《いにしえ》より今に至るまで哲学なし」と喝破したのは一九〇一年のことで、その一〇年後に、谷川の師であった西田幾多郎の『善の研究』と伊波普猷《いはふゆう》（一八七六―一九四七）の『古琉球』が出版されます。大逆事件の翌年のことです。

ですが、ご存知のように、中江の慨嘆に先立って、「哲学」という語はすでに作られていました。西周《にしあまね》によって、です。小林は「哲学」というエセーでその西を論じているのです。一九六三年（昭和三八年）のことでした。それ以前に小林が西田幾多郎を「学者と官僚」というエセーで論じたのは一九三九年のことですから、それから三〇年近くの歳月が流れたことになります。

西周について、小林はまず、「多忙な役人生活を送って、哲学に深入りする事はなかった」（『小林秀雄全集』第十二巻、新潮社、三八七頁）と断っています。しかしそれに続いて、その西が行った「ヒロソヒの講義」草稿の断片について、小林はこう評しているのです。

「読んでいると、講義者（西周）の心の躍動が伝わって来る。／「諸君辱くも僕が講義を聴聞せらるるとあるに、喜しくもはた恥しくも」と彼はいう。いかにも、彼には、哲学にめぐり会った己れの心事を語らずに、哲学講義は出来なかっただろう。「ヒロソヒの講義」が、新知識の単なる分配であった筈がない。人間とは何かという問題を、新しく考え直さねばならぬ事態に、自分は、はからずもたち至った、そういう事であっただろう。（…）西周は、ヒロソヒとは、これを日本語に、はっきり直訳すれば、希哲学となるというのだ。ヒロソヒと聞けば、諸君の心底では、諸君がよく知っている「士ハ賢ヲ希フ」という言葉が、打てば響くが如く応ずるであろう、と言うのである。言い代えれば、「ヒロソヒ」から、何も新知識や新解釈が貫えるわけではない。心構えを新たにせよと要求されるのである。そこに、「ヒロソヒ」に出会った彼の精神の弾力があり、それが講義案によく感じられるところが面白いのである」（同書、三八七―三八八頁）。

いわゆる「哲学者」としての西が決して深遠な人物ではなかったことを明言したうえでの絶賛ではないでしょうか（もっとも、小林はただ「心構え」だけを褒めたのではありません。西がオーギュスト・

コント〔一七九八―一八五七〕の実証主義を摂取していたことを彼はちゃんと知っていました）。この評価の背後には、一つには、津和野藩藩校での儒学の教師に任じられる直前に西周が、当時異端とされていた荻生徂徠《おぎうそらい》（一六六六―一七二八）の書を読んで、いわゆる朱子学とは全く異なる世界をそこに見て、この抜擢に抗ったことへの小林の共感があると思われます。若き西にとって、「（伊藤）仁斎や徂徠による儒学に於ける人間の発見の如きは、鋭く強く光った閃光の如きものであったであろうか」（同書、三八九頁）と言っているのですから。

西のこの「開眼」なるものをどう捉えるか、それは新設「哲学専攻」が思考するべきひとつの課題となるでしょうが、小林はそれを「希哲学的な開眼」と呼んでいます。ただその後、西は「希哲学」から「希」をみずから削ることになります。この点に関して小林は、「心の土壌」がある限り、西自身にとっては「それは別段仔細なかったであろう」と言っています。しかし、です。「言葉の方は、希が略されて、哲学という不具者になってさまよい出したという次第であった。誰もが哲学哲学と言うようになった頃には、哲学を希う心は、一般に失われていたと見てよいのではないか。哲学とは、ただ何となく豪そうな言葉になった。やがて、これを侮蔑する人々は、唯物論哲学という豪そうな言葉を口にするようになった。要するに、何時の間にか、哲学から人間が紛失して了ったらしい」（同書、三八九頁）。

どんな意味を小林は「人間」という語に込めていたのでしょうか。フランスでは、ルイ・アルチュセール（一九一八―九〇）たちによるマルクスのアンチ・ヒューマニズム的読解が始まろうとしていました。もっとも、「哲学」の一種の離人症化について、小林はすでにその悲劇を指摘していたのでした。前掲の「学者と官僚」においてです。そこで小林は、学説の裏に身を隠し、思想の為に、学説の為に損したりしないよう用心に用心を重ねる学者たちとは根本的に異なる存在として西田を捉えています。

「だが、真実、自分自身の思想を抱き、これをひたすら観念の世界で表現しようとした様な学者は、見物と読者の欠如の為に、どういう所に追い詰められたか。例えば西田幾多郎氏なぞがその典型である。氏はわが国の一流哲学者だと言われている。そうに違いあるまい。だが、この一流振りは、恐らく世界の哲学史上に類例のないものだ。氏の孤独は極めて病的な孤独である。西洋哲学というものの教えなしには、氏の思想家としての仕事はどうにもならなかった。氏は恐らく日本の或は東洋の伝統的思想を、どう西洋風のシステムに編み上げるかについて本当に骨身を削った」(『小林秀雄全集』第六巻、五五九―五六〇頁)。

この困難な作業を西田はすべてを自分一人でやらねばならなかった。けれども、「誠実」といえば「誠実」だが、「こういう孤独は、健全ではない」、と小林は言うのです。なぜなら、そこに「他人というものの抵抗」がまったくないからです。その結果、「この他人というものの抵抗をまったく感じ得ない西田氏の孤独が、氏の奇怪なシステム、日本語では書かれて居らず、勿論外国語でも書かれてはいないという奇怪なシステムを創り上げて了った。氏に才能が欠けていた為でもなければ、創意が不足していた為でもない」(同書、三六〇頁)。

このような小林の評価をどう捉えるか、それは意見の分かれるところでしょう。単なる「言いがかり」とみなす人もいます。逆に、ここに西田哲学を捉え直すヒントを見つけた人もいるでしょう。中村雄二郎はそのような論者のひとりであったと思われます。いずれが正しいかはもとより分かりません。しかし、小林の慧眼を称えないわけにはいきません。「ひたすら観念の世界で」という小林の表現は、「行為が思考であるのを忘れて」という「学者と官僚」末尾の言葉からすると、やはりどこかで否定的な評価を含意していて、小林は西田とあくまで一線を画しているのでしょうが、日本語でも外国語でもなく、いわゆる他者(の抵抗)を欠いた「奇怪なシステム」と「病的な孤独」、さらには先に取り上げた「人間の欠如」もまた、フラクタル的・病理的・怪物的曲線やカオス・システムが先端的諸学の課題と化した時代にあって、「間」を、「多島海」を、そのシステムとネットワークを思考しようとする者にとって、西も東も分からぬ道なき道の道標、波に揺れる灯浮標のごときものとなること、少なくともこの点だけは間違いないでしょう。

ここではこの課題を果たすわけにはいきませんが、小林の「学者と官僚」がもっと精緻な読みを要求していることは間違いないでしょう。小林はその冒頭で「文化創造と文化混淆」というテーマを取り上げ、その末尾で「東亜協同体論」を取り上げています。「間」、「多島海」をめぐる思考はこうして、「翻訳」、「西洋/日本・東洋」に加えて、いや、それと共に、「アジア」における「混淆」と「協同・共栄」という恐るべき問題を小林から贈られたことになるでしょう。もっとも、小林はそこにフモールを付け加えるのを忘れませんでした。「自分の知っている事を教えているが、たまらなく退屈になったので、今度は知らぬ事を教えさせて貰い度いと申し出て、許可を得たのである。なかなか解った学校である」（同書、五六三頁）こうして小林は「日本文化史」を担当することになったというのですが、そのことが、「始まり」の不可能性、そのあまりの困難に戸惑い、途方に暮れた未知の後輩をしばし励ます身振りになろうとはさすがの小林も予想していなかったかもしれません。

第1章——いま、なぜ、哲学か

……合田正人、池田喬、垣内景子、坂本邦暢、志野好伸

哲学をめぐるいくつかの問い

合田　明治大学文学部は、二〇一八年四月に哲学専攻を新設します。新しい場所の創設を記念して、今日はその創設メンバー五名が集まり、それぞれがどのような思いでこの「始まり」に臨んでいるのか、この専攻でどのようなことを実践したいと考えているのか、それがこの社会、世界とどのように関わるのか、そして、そもそも「哲学」ということでどのようなことを考え、目指しているのか、そうしたことを遠慮なく、存分に話し合えればと考えています。何か統一的な像が結ばれなくてもけっこうです、むしろ角がごつごつあたるコンフリクトの感じがあった方がいいかもしれません。

三つの問いをまずゆるく立ててみます。まず、いまなぜ哲学なのか。なぜ日本において、アジアにおいて哲学なのかということです。第二番目は、いまなぜ明治の文学部に哲学専攻が作られるのかということ。翻って言いますと、なぜこれまで明治の文学部には哲学専攻はなかったのか。さらには、なぜ文学部の心理社会学科に哲学専攻が置かれるのか、そのことの意味は何かということです。それから第三は、文学部の中での配置だけではなく、私たち五名の組み合わせには、いったいどんな意味があるのかということですね。そこで多方向のどのような動きを考えるのか。この三つに、いま問いを分類しておきたいと思います。

ただ、われわれ同僚だけで話していると、どうしても一面的な見方になってしまうかもしれません。実は、本書の編集者からも三つの問いが提起されております。これを意識しながらお答えいただければ幸いです。もちろん直接お答えいただいてもかまいませんが、それを次にご紹介しておきます。

- 哲学は誰にでもできるものなのでしょうか。もし誰にでもできるのだとしたら、誰にでもできる哲学と、訓練された人間にのみ可能な哲学とは何が違うのでしょうか。
- 大学にとっての哲学教育は何を目的としているのでしょうか。そこからどんな人材を世に送ろうとしているのでしょうか。
- もし哲学が自分の頭で考えることであるとするならば、なぜ多くの哲学者は、他人の打ち立てた哲学の勉強ばかりしているのでしょうか。

たとえばデカルトは、「良識《ボン・サンス》はこの世でもっとも平等に分配されているものである」と言いました。それに対してスピノザは、「高貴なものはすべて困難でまれである」と言っています。これら二つの言葉の接合が問われているのかもしれません。また、ベルクソンにせよ、フランツ・ローゼンツヴァイクにせよ、コモンセンスに立ち戻る必要を語った哲学者が少なからずおりますが、ではそのコモンセンスとはいったい何なのか。コモンというのは何なのか。そういった問いにもつながってくるかもしれません。仏教だと、末木文美士《すえきふみひこ》さんが指摘しておられるように、「悉皆仏性説」と「五性各別説」との関係をどう捉えるかということでしょうか。ともあれ、この三つの問いをどこかで意識しながら、最初に私が立てた問いに、皆さんから自由にお答えいただければと思います。

まず私から最初の問いについて補足させていただきます。哲学専攻の今回の新設は、ある意味では「反時代的」なものだと思います。「アナクロニック」(時代錯誤的)なものとも言えるかもしれません。友人のニューヨーク州立大学のリチャード・コーエン氏に、いま、哲学科のようなものを作るのは世界でお前たちだけだと言われました。ほめられているのか、ほめられていないのかわかりませんけれども、そんなことを言われました。

ご存じのように、二〇一五年の六月に、いわゆる国立大学を対象にして、文科省は主として国立大学の人文社会科学系学部の廃止や他領域への転換を促すような通知を出しました。思い起こしますと、三〇年ほど前には、フランスでも高校の哲学の授業の削減が提案されました。このときは哲学三部会などが開催されて、ジャンケレヴィッチやデリダが「誰が哲学を恐れているのか」と反論を展開した。一様な動きではありませんが、この哲学のカッコ付きの効用というのでしょうか、社会との関係に疑問の目が向けられているというのは、うなずけるところではないかと思います。

もっともここ一〇年くらい、少なくとも日本では哲学者のインフレーションが生じているようにも思えます。多くの人たちが自称他称で哲学者を名乗るようになりました。これはいったいどういう現象なのでしょうか。

私がずっと読んでまいりましたローゼンツヴァイクも、一九二五年の『新しい思考』という論文の中で、哲学の終焉《エンデ》ということを語っていまして、その中で「これは終焉だけれども、それはむしろ経験する哲学の始まりである」という言い方をしております。それを踏まえて、レヴィナスという哲学者は、「哲学の終焉とは、哲学が哲学者によっては語られないがゆえに、森羅万象が哲学となる時代の始まりである」と、一九六二年に語っています。

池田さんがご専門のマルティン・ハイデガーにも、「哲学の終焉と思考の課題《デンケン》」という論文がありますね。ハイデガーは戦後教職に復帰したときに、開口一番、「われわれはまだ思考していない。思考すべきものを思考していない」と言ったのは皆さんご存じのとおりです。

一九六一年のアイヒマン裁判の記録、『エルサレムのアイヒマン』の中で、ハンナ・アーレントはアイヒマンの罪を「考えていないこと《ソートレスネス》」だと言っていますね。「無思考性」ですが、これもハイデガーの言葉を踏まえた表現でしょう。ハイデガーは「思考の経験」とも言っています。終わりとは何か。始まりとは何か。経験とは何か。この「哲学から思考へ」という動きと、この哲学専攻のある意味ではアナクロニックな新設とは無縁ではないような気がいたします。まず、この点について皆さんのお考えをお伺いできればと思います。

哲学は誰にでもできるか

坂本　いま合田先生が哲学の無用さが叫ばれているのと同時に、哲学のインフレーションが起こっているという話をされました。私はこの二つは表裏一体の現象だと思っています。哲学が無用だとはよく言われるところですが、こう言われるとき、じゃあ哲学は何と対比させられているかというと、基本的には自然科学だと思うんです。技術とか科学ですね。なぜそれと対比されるかというと、自然科学は有用だからです。

なぜ科学は有用かと考えると、これはトマス・クーンが言っていることですが、それは科学が解けるような問いしか立てないからだと。本当に人間が解けないような、あるいはどういう問いを立てていいかわからないようなことについては、科学は問いを立てない。そういう問いは、「科学的な」問いではないとか、この学問の問いではないとかいって、ディシプリンの外に放り投げてしまうわけですね。

学問の分野を整備していくことをディシプリン化と仮に呼ぶとすると、これは見逃されがちですが、実は哲学の中にもディシプリン化されている領域、つまり答えられそうな問いを解くために活動する領域はあります。たとえば過去の哲学者の著作を正確に理解しようとするために、哲学史が立てるべき問いと答えるために使う方法はかなり定まっています。他にも、いろんな哲学の中でディシプリン化されている領域はあると思います。

この領域は、たぶんさっきの編集者の方からの質問にあったような、訓練された人間にのみ可能な哲学の領域とけっこう重なっています。科学も典型的にそうだと思いますが、やっぱり訓練を受けないと、どういう問いが適切か、どういうアプローチを取ったらいいのかがまずわからない。そこは訓練が必要なんだと思います。

ただ同時に、哲学の中には、そういうディシプリン化されていないような、ある意味誰でもできると言いたくなる領域があるのも確かです。つまり、答えがあるかどうかわからないような問いですね。人生に意味はあるのかとか。

そもそも「人生」とは何か、そこでいう「意味」とは何かからまずわかりませんし、これにどう答えたらいいのかも、かなりまだ茫漠としています。問いを立てるためにどういう言葉を使うのが適切かから探求していかなければいけない領域なわけです。これは科学と違って、答えが出るかわからないことを延々と議論することになるので、いかにも無用な議論のように見えるでしょう。

ただ、この本を高校生が読んでいるとして、おそらく高校生の人たちが期待するのは、たぶんここなんですよね。つまり「哲学とは何か」と聞かれたら、「なぜ自分は生きているんだろう」とか、「どういう生き方がいい生き方なんだろう」ということを問いたいんじゃないでしょうか。これは高校生に限らず、たぶんわれわれ人間が生きている限り、こういう問いを捨てることはできないでしょう。だから、ディシプリン化が進んでいく現代の中で、その中に収まらないような、答えが出るかどうかわからないような問いの集積場として、哲学っていうのは注目を浴びているところがあって、だから自分は哲学者だという人が増えているのでしょう。

最初の問いに戻ると、誰にもできる領域と、訓練された人間にのみ可能な領域というものがあって、明らかに学問とか大学に向いているのは、訓練された人間ができるディシプリン化された方です。しかし、社会や人々が求めている哲学がそちらかといわれると必ずしもそうではない。むしろ学問にしにくいような、単位を出すことには必ずしも向いていないような方向があるのかもしれません。

明治大学の哲学専攻は、「哲学プラクティス」という授業があることからもわかるように、ディシプリン化しにくい方にもかなり比重を置いているのだと思います。でも、それがディシプリン化の牙城である大学にあるわけですよね。このバランスをどう取るかが、われわれの課題なのかなと思っています。われわれだけでなく、学生にとっても課題なのでしょう。

志野　大学がいったいどういう場なのかということもあらためて考えるべきかと思います。もちろん制度化されてある程度の学問を修めていく場所であり、そしてまたこれまでの学問の蓄積がある場所なわけですよね。その一方、最近の風潮として、職業訓練みたいなところを非常に強くやっていこうとする大学もある。

でも、われわれがこれから目指すのは、そのどちらからもはみ出すようなものなんじゃないかと思います。そうすると大学そのものの概念もたぶん違ってきますね。単に学位を出すとかではなく、制度的なものをはみ出す可能性をもった一種の討論の場、開かれた場のようなものとして定義する必要があるのではないか。デリダが「条件なき大学」という言い方をしていますが、そんなふうに大学という場を捉え直す議論をほかならぬその大学の中で行うというのも、この哲学専攻の面白いところじゃないでしょうか。

巨大な問いをときほぐす

池田　誰にでもできる哲学ということに関連してですが、僕は「哲学とは答えのない問いを問うことだ」というクリシェ（常套句）にいつも反論しているので、ちょっとそのことについて説明させてください。

だいたい僕は哲学概論を教えるときには、「「哲学が誰にでもできる」というのは、ある意味では正しいが、ある意味では正しくない」と言っています。「ある意味では正しい」というのは、ひとつには、どんな関心でも哲学の問いに関連づけられるからです。たとえば小説が好きな人に対して、フィクションとは何か、現実と非現実の違いは何かと聞くと、これだけでもう哲学的な問いになります。歴史が好きな人に、どうやって過去の実在について知るのかという問いを立てると、たいてい興味をもちます。そんなふうに、いろいろな問いを哲学の問いに関連づけることは、誰が相手であれできるんです。

もう一個は、哲学の問い。さっき坂本さんがおっしゃった、人生の意味とは何か、幸福とは何かというような巨大な問いですね。これも、誰もがある意味ではすでに問うたことがあるという意味で、誰にでも投げかけることができますが、僕は問題はその先だと思っています。つまり、この手の巨大な問いは、そのままではすごく難しくて答えがないように見えますが、僕はそこに何らかの解答を与えていくからこそ哲学なのだと考えています。

僕は哲学概論では、よく「じゃあ、この問いを構造化しましょう」という言い方をするんです。「人生の意味を問うのはどういうときなのか」というと、たとえば「目標が失われたとき」という答えが返ってきて、そうなるともう少し先に進めるんです。「友情とは何か」という問いもよく扱っていますが、その場合も「じゃあ、友人と恋人はどう違うのか」とか「友達以上恋人未満っていうのはどういうことなのか」とかと問いを立てる。そうすると、少し答えに近づくんです。巨大な問いにいきなり単純な問いと同じように答えようとしても答えられないので、今のように問いを分節化していって少しずつ答えを与えていくと、ある種体系的な答えに近づくんですね。そのために、たとえば人生の意味を問うのはどういうときかって問うときに、アンケートの結果を使うとすると、根拠づけのために経験的なデータを用いることになぜ意味があるかということを教えられる。

さらに、「目標とは何か」「意味と目標の違いは何か」といったような問いは、概念をめぐるもので、これらは哲学の訓練をしていなければなかなか答えられません。

ですから、哲学の問いは、非常に一般的で、誰もが問うたことがあるかもしれません。しかし、何らかの答えを出すためには、やはりさまざまな訓練が必要で、概念を分析したり、問いを構造化したり、経験的なデータを使ったり、哲学的な文献を読んでそれを使ったりするわけで、これらはすべて、哲学を勉強して訓練することに含まれるのだというふうに考えています。

合田　問いの構造化と分節化というのは、非常に重要な視点ですね。坂本さんは科学というお話をなさいましたが、もうひとつ哲学と接しているものとして「智慧」とか「叡智」とか呼ばれるものがありますね。

志野　フランソワ・ジュリアンによると、哲学者に対して、聖人というものがいて、これは智慧のある人のことですが、近代以降は哲学者の方が偉くて、智慧者の方を低く見積もってきた歴史があります。中国の孔子は、最初は哲学者のように思われたけれど、次に智慧のある人みたいに扱われて、哲学者より一段劣るような見方がヨーロッパでは定着していきました。でも、ヨーロッパの哲学を見直す際に、そういった「智慧」と呼ばれるようなところにもう一回戻らなきゃいけないんじゃないか、とジュリアンは言っています。

それこそフィロソフィーの「ソフィー」ともつながるでしょうが、「智慧」といったときに従来の哲学をはみ出るようなものを逆に見直したり、そこから考えていったりするとか、いろんな可能性が見えてくるかなと思います。

合田　いまフランスでよく読まれている哲学者にピエール・アドという人がいて、『生きることの意味としての哲学』という本で非常に多くの読者を獲得しています。ただ、そういう傾向にわれわれはただ追随していいのかという反発もあるでしょう。

マルク・ソーテという人物が、一九九二年ぐらいから「哲学カフェ」というのを始めました。当初は「哲学診察室」という名前で、そこに治療的な意味を込めていたようですが、哲学カフェになって多くの人に愛されたようですね。

そういう動きは、さっきの「哲学から思考へ」と僕が言ったものとつながってはいますが、われわれの仕事は人生の意味について思い悩むだけでももちろんありません。今度の哲学専攻で「哲学プラクティス」を推し進めている池田さん、そのへんはいかがでしょう?

池田 「人生の意味」というのは、僕の個人的な印象では、それほど普遍的な問い方ではありません。ヨーロッパの哲学ではそうかもしれませんが、たとえば哲学カフェ的な状況で「人生の意味とは」とか「幸福とは」と問うと、やっぱりちょっと借りもの感があるんですね。話が盛り上がるのはもっと日本語で使う言葉で、「優しさとは何か」とか、そういう問いの方が盛り上がるという印象があります。

僕には、ときに、哲学と、誰にでも関係するような日常的な事柄との間に非常に距離ができてしまっているという印象があって、それにはいろんな理由があるでしょうが、一つには、自分の日常生活を表現するような言葉と、哲学の定番の概念や問いが乖離しているときにそう感じます。

もちろん「人生の意味」と問うてもいいんですが、それが普遍的な問いだという常識自体、やっぱり一度吟味した方がいい。そのかわりに、まずは地に足を着けて、日々の身近な事柄を考える方が深い思考が展開できるかもしれません。

さっきの「哲学から思考へ」という部分に戻りますと、僕が思い出すのは、一時アーレントの夫であったギュンター・アンダースが、『われらはみな、アイヒマンの息子』っていう本を書いていたことです。この本は面白いことを言っていて、われわれは一生懸命仕事をしていて、毎日疲れ果てていれば、ちゃんとやっていると思うんですね。そんなに悪いことはやってないな、真面目に生きていると。だから、いろんなことに「仕事だから」とか、「仕事があるので仕方ない」と自分に言い聞かせたり、他人にも言い訳しているケースが多い。

それに対してアンダースは、「仕事」というのが無思考性のある種のメルクマールになっている、「仕事」もまた生き方や善悪が問われる行為であることを忘れるなと言います。

これはなぜかというと、アイヒマンはユダヤ人を強制収容所に送り込むことを善悪が問われるような行為ではなく、仕事として考えていたからです。彼の主たる関心は、今日はどのくらいきちんと仕事ができたか、自分が上司からきちんと評価されているのかといったことにありました。計算高いという点では、思考はしているんですが、これはアーレントの言葉でいえば「無思考」であるし、非常に特徴的な道徳性の欠如です。

アンダースの言っていることは、こう言えるんじゃないでしょうか。われわれの仕事は非常に複雑で、自分の行為の結果が何を引き起こしているのかについても実感がわかないくらいになっている。アイヒマンの場合は、客観的に見ると、とてつもなく非道なことをしているように感じられても、仕事が複雑化して、自分の行為の結果が何を引き起こしたかわからないような状態からすると、人間は意外と簡単に、自分の仕事の道徳的意味を考えることはなくなっていくのではないか。そうやって日常を過ごしている人は、殺人機械の一部としても働くことができる。その意味では、われわれはみなアイヒマンの息子だという話になるんです。

そう考えると、みんながやっているように生きているし、真面目にやってるんだから問題ない、という無思考からの脱皮が、現代における人間性を守るための急務なのではないかと考えています。

これはさっきの話とも少し関係するんですが、僕はやはり哲学は答えを与えるところまで行かないとダメだと思っています。「当たり前を疑え」とはよく言われるところですが、僕は哲学の授業をやっていて失敗したなと思うのは、問いだけ投げかけておいて学生を懐疑に突き落としたり、社会というのはもうめちゃくちゃなんじゃないかと思わせて終わってしまうときなんです。

確かに疑うことは重要なんですが、その疑いが晴れるところまで徹底しないと危険なんですね。本当は何も存在しないのではないかとか、すべては虚構で善悪も何もないんじゃないかというままだと、途方に暮れて人生を楽しめなくなったり、陰謀論のような、単純ではあるけれども根拠のないシナリオに走ったりしがちですからね。そうするとこれは知性ではなくて、むしろ非合理な話になって、かつ日常からも遠く離れたものになってしまう。

ですから、当たり前の日常を疑うだけではなくて、きちんと分析して、そこに含まれる意味や価値を明らかにし、問題があれば修正できるような知性を獲得するところまで到達しなければならないし、それがいま思考として求められているのだと思います。

垣内　でも、当たり前を疑い続けるのは、実際は難しいことですよね。それなりの技術なり訓練なり知識が必要になりますから。答えなんかどうせ出るわけがないと、たかをくくって好きなことを言い合うことの方が世の中に多いのかなと、逆に思ってしまいます。話したいという素朴な欲求はあるにしても、そこで終わってしまうことが多いのではないでしょうか。

自分のわかっている範囲だけで、みんなが好きなことを言い合う場も、確かに求められているのかもしれないし、その欲求は認めるべきものなんでしょうけど、その次にさらに一歩行けるようになることが、わざわざ大学という場や、哲学という名を冠した専攻の場で、指導を受けたり勉強をすることの意味で、それは社会に出たときでも日常の生活の中でも役に立ちますよね。

哲学的な「深まり」とは何か

坂本　哲学の授業をしていると、「哲学って難しいですね」とよく言われます。この感想は面白いですよね、多くの人はたぶん「物理学って難しいですね」とは言わないから。それは物理学が簡単だからじゃなくて、物理学が難しいと当然思っているからで、だけど哲学についてはあえて

「難しいですね」というわけです。

こういう発言が出てくることにどういう背景があるのかといったら、一つの回答としては、さっき言ったように、哲学には、どんな問題も哲学にできるし、巨大な問いをとにかく投げかけることができるという入り口の広さがある。でも、それに答えようとすると、問いを分節化したり、過去の学説を勉強したり、日常の言葉からは離れた抽象的な概念とかを使って議論の構造を整理していく必要がどうしてもでてきます。そうなると、当初立てた問いとの関連性が見失われて、やたらと抽象的で難しく、しかも昔の人の本を読まないといけなくなって、「哲学って難しい」という感想が出てくる。この落差からそういう感想が出てくると思うんですね。

トマス・クーンは、科学に関しては「学問は社会との関連性を失わせるところに成り立つ」と言っています。社会的に重要かどうかという問題からはあえて切り離し、特定の問題に対して人が効率的に集中的に取り組むことで、科学は発展するのだということです。

哲学にもそういう側面があります。ただ、科学の場合は、そうやって社会から切り離されたところで進めたものが最終的に技術で応用できたりするので、社会との接点が回復しますが、哲学の場合、突き詰めていっても、回復する見込みがあるかがわからない。

だから、学問としてやるということと、出発点の間口の広さで期待されているものの関連性をどう失わないでいられるか、その一つの答えとして、学問をやっている場所に学問の外の視点が常時入ってくる場として、哲学プラクティスとか、そういう外とのつながりを常に思い出させてくれるような場所みたいのを大学の中に用意するのは、一つのこの専攻が目指していることなのかな、などといま思いました。

合田　ただ、「哲学って難しいですね」と言う人は、実のところ揶揄するつもりで言ってるんじゃないのかな。「哲学を軽蔑することも哲学することである」とパスカルが言ったけれども、そういうコモンセンスの恐ろしさみたいなものはあるでしょうね。何やってんの、みたいな。

垣内　それは日本独特の現象ですか。どこの国でもそうですか。

合田　フランスなんかで「フィロ」って愛称で呼ばれるようなところとは、やはり違うでしょうね。フランスがいいという意味ではありませんが。いや、フランスでも単に愛称ではなく、「フーン、それで」といった感じ、無関心も含んでいるかもしれません。

志野　抽象性との落差という話ですが、それはもちろん哲学という学問自体がもっている落差でもあるし、日本に輸入・翻訳された概念と日常生活とが切り離されたままであるところも多少あるのかもしれませんね。

ちょっと中国の例を出したいと思います。先ほど「幸福とは何か」という問いが例に出されていましたが、中国では幸福という単語は古典にはほとんど出てこなくて、単に「福」っていう場合が多いですが、ではその福は何かというと、子どもがたくさんいることなんです。子孫の繁栄、一家の繁栄です。「幸福とは何か」と問うよりも、「子どもがたくさんいるとはどういうことか」という問いを立てたほうが、たぶん中国の人だったら思考がどんどん進むでしょう。

中国哲学、あるいは日本の従来の伝統的な思想でもいいんですが、そういったものを媒介として問いを組み立てていくことで、西洋から輸入してきた哲学とは違う地平も見えてくるんじゃないかと思います。

池田　さっき垣内先生がおっしゃったことはすごく重要ですね。つまり、何か根本的なことを話すような場が欲しい、そこで集まって自分の思いをぶちまけたい、そこでスカッとして終わるっていうんだったら、それは哲学にはなりません。

それで僕が思い出したのは、当事者研究の中で議論されていることです。当事者研究というのは、北海道の浦河町にある「べてるの家」というところで統合失調症の当事者を中心に始まった研究活動のことで、障害をもつなどさまざまな人生の苦労の当事者が自分たちの経験の意味をともに探究するものです。それで、自閉症スペクトラムの方たちの当事者研究もあるのですが、そこで、当事者研究がうまくいくケースとうまくいっていないケースの研究というのがあるんです。うまくいっていないのは、「あるあるトーク」といわれています。「そういうの、あるある」みたいな。そうすると、体験を共有して、自分一人じゃなかったんだという安心感は得られるけれど、全然深まらなくて、そのうち飽きることが指摘されています。

哲学カフェとか、哲学対話の場合も、深まったといえるのはどういうときなのかということが結局話題になるんですね。でも、そういう「全然哲学的に深まらなかった」という不満感が、「じゃあ、本当に深まるのって、どういうことなのか」というところ、そこに初めて哲学が始まると僕は思っているんです。

今回の明治大学での哲学プラクティスで考えているのは、すでに哲学プラクティスの取り組みをしてきた、他の大学の先生がたとも連携しつつ、哲学プラクティスを次のレベルに高めるための知的環境を生み出すことです。

たとえば確かに専攻を作るときに、スローガンとして「対話というスタイルが批判的思考に役立つ」とか「哲学的思考が自立的市民の育成に役立つ」と書きましたが、こうした事柄自体、さらに探究する必要があります。本当に対話というスタイルは批判的思考に役立つのか。本当に哲学的に思考したら自立した市民になれるのか。それはどういう根拠があって言えることなのか。こうしたことはすでに解明済みというわけじゃないですよね。

そうするとさっきと同じで、哲学プラクティスって、やっていれば当然さまざまな課題にぶつかりますし、思いどおりの結果が見いだせないこともある。どういうふうにしたら、うまくいったことになるのか。この探求が必要なんです。

さまざまな課題にぶつかったり、思いどおりの結果が見いだせないことは哲学の弱点ではなくて、どんな学問でも同様です。その課題であるとか、どういうふうにしたらうまくいくのかを反省するというか、そこに哲学的な議論も深められる契機が出てくるのではないかと思います。

哲学的な議論といっても、僕が考えているのは抽象的なものではなくて、哲学的な議論が深まる対話とはどういうものか、それが公正で共感的な実践的判断につながるのであればそれはどのようにしてか。それは哲学プラクティスをいちだんと「哲学的」にするとは思いますし、哲学をたとえば教育学や心理学や、あるいは合意形成論などと結びつける機会にもなるんじゃないかと思います。

テーマについて話し合うだけでは飽きてくるし、その次のレベルに行きたくなる。実際に哲学プラクティスがもうここまで定着したので、そういう方向を模索してもよいのかなと思っています。

垣内　理論的にともに研究してゆくことは大事でしょうが、現実に学生たちに対話をさせてみると、本当に謙虚に人の話が聞けているのかという疑問は残ることもありますね、意外とみんな守りが固いし。そうすると対話しているようで全然していないとか、みんな勝手に自己主張しているだけだということもありうる。それを打ち破るような経験を実感的に共有できないといけない。

たとえば対話という掛け声はいいけど現実はこうだとか、それを踏まえた上で対話の意味って何なのかと考えてもらうことも必要だし、そういう態度では対話になっていないということを知ってもらわなければいけないときも出てくるかもしれません。そういういろいろな実験や経験を繰り広げられる場として、こういう授業があることは非常に大きいのかなと思います。

合田　対話に加わらないとか、加われないということもありますね。ハーバマスの討論の倫理について言われたことです。まさにアイヒマン裁判なんかそうだけど、言語の問題、何語で話し合うのかということもあるでしょうし。

垣内　ありますね。

志野　でも、実際にやってみることでそれがはっきり見えてくるわけですから、そういう意味でも哲学プラクティスは面白いものになるんじゃないかなと思います。

坂本　池田さん、先ほど「あるあるトーク」のお話で、それが深まっていくと、いい哲学プラクティスだったということになると言われましたが、その深まりが沼になっている可能性もありますよね。精緻な議論を精緻な議論のためだけにすることになるという危険が、常に哲学、あるいは学問にはありますから。では、「あるある」から始まって深まりに達した後、沼に落ちないためには、哲学プラクティスには、どんな仕組みが必要になるんでしょうか。

池田　要するに、「問いが深まった」というのは、問いを分節化できたということだとまずは思います。自分たちの知力と情報量で答えられるように、問題をちゃんと変形できたということですね。それで答えられたということにはならなくとも、どうやったらそこに到達できるかの道筋がつけば、とりあえずただ「あるあるトーク」をしているのとは違うことになります。

それから、ひたすら精緻になるというのは、問いに対する答えがかなり限定されてくるからですよね。問答がゲームっぽくなってくるときというのは、たいてい次に出てくる問いを遮断しているからだと思うんです。まさに、対戦型のゲームのように、〜主義か、あるいは反〜主義か、といった枠組が設定されて、どちらかを選び、どちらかを擁護し、勝利するなり敗北するなりして終わるという。そうならないように、その問いが次の問いを招き入れる連関を作り、それに対する答えを重ね合わせて輪郭を得る、というようなイメージですね。

池田　今の垣内先生のお話で、「学生に対話をさせてみても、言いたいことだけ言っていて、人の話を聞いていない」というご指摘がありました。そういうときに僕がいつも思うのは、他人の書いたテキストを一生かけて読むというのは、すごい訓練だということです。つまり、他人の言うことに耳を傾けるということ、会話を想定することが多いでしょうが、哲学者が書いたものは、とにかく徹底して考えた人が文字に残したテクストで、それに対して、何をこの人は言っているんだということを、本に耳を傾けていることだと捉えると、なぜ哲学者なり哲学研究者が他人の打ち出した哲学の本を読んでいるのか、その理由が見えてくるんじゃないかと思います。

自分の頭で考えるとは、そもそもどういうことかと考えたときに、これは他人や環境からの影響を受けないということではありません。これは授業でよく言うことですが、たとえば「三〇分後に自分が何を考えているかわかりますか」と聞いてみるんですよね。たいてい「わからない」という答えが返ってきます。「じゃあ、一〇分後はどうですか」。実は一〇分後でもあまりよくわからないんです。

それはなぜかっていうと、私たちの思考は、環境や他人に左右されるものなんです。何か物音がしたからそっちを見るとか、誰かに何かを聞かれることで自分の思考が引き出されるとか。だから、他人の言っていることに耳を傾けるというのは、自分の頭で考えることと特に矛盾しない。

自分の頭で考えるということは、他人や環境との関係を結ぶということであって、影響を受けないということではない。その非常に徹底した姿が、徹底して考えた人が文字に残したテキストを一生懸命読むことなんじゃないかと考えています。

合田　大変面白い指摘だと思いました。精神科医の中井久夫さんが、精神科医の仕事と翻訳家の仕事は同じだと言われていたことを思い出します。言葉と言葉が出会うポイントを探していく。これは抽象的なことじゃなくて、身体のさまざまなところにこのミーティングポイントが刻まれているんですが、患者を見、患者と対話しているときの作業とそれは本質的に同じなんだと。

坂本　なぜ他人の哲学の勉強ばかりしているのかという質問がありましたが、つまり哲学の中には、歴史学に近づく部分がどうしてもあるんだと思います。哲学という領域の中に、過去の思考を理解可能なかたちで現代に伝えるということがあるんです。

歴史学の場合は、過去が復元できたらそれで目的は達成できる。むしろ歴史学はたとえば過去を素材にして現代を語るみたいなことにはかなり警戒するでしょうね。哲学の場合も、過去を復元するのはすごく難しいので、それだけで精根尽き果ててしまって戻ってこないということになるのかもしれません。

その戻ってこない哲学者に対して、「でもあなたたち、考えるために読んでいるというけれど、読んで理解して終わっているじゃない」っていう疑問を多くの人はもっていると思うんですね。しかも過去の哲学者って、やっぱり過去のコンテキストの中で問題に答えようとしているので、今のわれわれとはやっぱり微妙にずれていますよね。過去の哲学者を精密に理解すればするほど、現代のわれわれの問題から外れていくこともたぶんある。

そうすると、過去の言葉を徹底的に聞くことと、いまそれこそ哲学科に入ってきたい人との間で、関心がずれるということが往々に生じるようになる。すると、哲学科に入ったけど、カントの超越論的演繹を三年間読んで終わりました、みたいになるのは嫌だなという感想が出てくると思うんです。池田さん、これにはどうお答えになりますか。

池田　さっき合田先生が、ハイデガーのことにふれてくださいましたが、当時ハイデガーって、自分たちの問いによく答えてくれてる人だと思われてたんですね、実存に迫る問いを扱っていたから。

ただ、ハイデガーが実際にやっていたことは、主として、アリストテレスなどの古典の解釈でした。ハイデガーの術語は面白くて、日常語を使っているということもあるんですが、実はギリシャ語の翻訳がほとんどなんです。ギリシャ語をドイツ語に翻訳しているんですよね。

有名な例でいうと、たとえば「真理」にあたる「アレーテイア」を、ふつうドイツ語では「ヴァールハイト」と訳します。英語でいえば「トゥルース」ですね。ハイデガーはそれを「ウンフェアヴォルゲンハイト」、日本語だと「隠れなさ」とか「非隠伏性」とかいうことになりますが、そう訳すんです。ハイデガーはギリシャ語の作りをそのまま真似てドイツ語を作ったんですね。「アレーテイア」の「ア」という否定辞を「un」というドイツ語で表現したりして。何をやっているのかというと、なじみのドイツ語である「真理」という言葉をカッコに入れているわけです。つまり、聞き手や読み手が、自分の母国語で当たり前だと思っていること、普通の哲学の授業で習うことの妥当性を一度解除して、一から物事を考え直させるための仕掛を言葉のなかに埋め込んでいるのです。

ところが、それが当時の学生にとってみれば、ハイデガーの用語法はまさに自分たちの問題を捉えているように見えたというのは、すごく面白い気がするんです。つまり古代ギリシャに忠実であろうとすることによって、当時の実存的な問題に迫ったように見える。ガダマーによると、ハイデガーがアリストテレスを語ると、アリストテレスが目の前で語っているようだったらしいですね。

合田　過去の哲学者の言うことを聞いていると、「今言《きんげん》」からずれていく、と見えて、逆にいうと、そこを変革していくものにもなりそうですね。いま使っている言葉とのずれが別様の思考のきっかけにもなるんじゃないかと。

垣内　中国の古代の哲学を現代語に翻訳するのには、また違った困難がありますね。用語を変えるべきか変えないべきかというときに、なまじ漢字が一緒ですので、それを妙な日本語に変えると、もともとの漢字の膨らみを無視することになってしまう。たとえば、ここに「道徳」と書いてあるのを別の全然違う言葉に変えるべきかといわれると、なかなか抵抗感もある。英語やフランス語というまったく別体系の言語を訳すときの困難とは別の妙な困難が常につきまといますよね。

われわれはどんな言葉で考えているのか

合田　先ほど、われわれの生活の中での言葉と、哲学の言葉との乖離というお話がありました。それで思い出すのは、小林秀雄が西田幾多郎《にしだきたろう》の文体を「日本語でも外国語でもない」といって、ある種の病的な孤独に西田が追い込まれていると評していることです。今日集まった私たちは皆それぞれが翻訳と関わってもいますが、その方向に話を向けられればと思います。

ご存じのとおり、西周《にしあまね》が哲学という造語をしてからもう約一五〇年ぐらいたちました。西が亡くなったのは一八九七年で、その四年後に、皆さんご存じのように中江兆民《なかえちょうみん》が、「我日本古《いにしえ》より今に至る迄哲学無し」「総ての病根此に在り」（『一年有半』）と言ったのですね。その一〇年後に西田の『善の研究』が出ています。この年には、伊波普猷《いはふゆう》の『古琉球』も出ています。因みに中江は、東大の教授だった井上哲次郎も哲学者じゃないと批判しています。しかし、私は、西田と井上の間には重要な影響関係があったんじゃないかと考えています。ですから、西田以前の、「日本には哲学がない」といわれながらも進んできた哲学のある種の胎動の意義、それを考える必要があるのではないでしょうか。

西については、特に新しい著作集がいま編集されている状況にあるようです。その西はしばしば明治の啓蒙思想家に分類されることがありますが、儒教の重要性を信じ続け、最後まで「徳川の家来」の立場を貫きました。いま明治維新が見直される中で、この最後の将軍の再評価も進行しているように見えますが、そこでの西の役割もこれから違ったかたちで明らかになってくるはずです。

ともあれ、この「哲学」という語は、榎本武揚の乱と同じように社会の激動の中で生まれて、田辺元《たなべはじめ》の『種の論理』がそうであったように、社会の、世界の激動の中で錬成してきたと思います。実際、西は榎本と一緒にオランダに行った。そして鳥羽伏見の戦いとも深く関わった。私の中では、五稜郭の攻防と「哲学」という語の誕生はひとつの場面をなしています。この「西田以前」ということで、皆さん、どのようにお考えでしょうか。

それからもう一つ、翻訳というテーマですね。これは加藤周一との対談で、丸山眞男が日本の翻訳主義を話題にし、そこで西の問題に触れています。そういった点について、少し皆さんの意見をお聞きできればと思います。

志野　西周が「哲学」という言葉を作ったとき、もう一つの訳語の候補として「理学」がありました。「理学」ならこれまでの伝統とつながっていたので、そうなる可能性もあったはずです。「哲学」というのも中国の古典に由来して新たに作った言葉なので、まったく中国の古典と切れているわけではありませんが、でもやはりどこかで切れている気がします。理学という選択肢が切られたことで、いわゆる翻訳主義のような傾向が強まったのかなと思っています。

中国では、西周と同じような役目を果たした人として厳復《げんふく》がいますが、彼の場合は「哲学」よりも「理学」という言葉を好んで使います。また、なるべく古典の語を使おうとしています。ただ、彼の訳語は、梁啓超《りょうけいちょう》らが日本から輸入した訳語に駆逐されていきます。『善の研究』は一九二九年に中国語訳が出ますが、西田幾多郎が中国の知識人に影響を与えたというケースは、あまり聞きませんね。

合田　でも、西田はずいぶん中国思想から学んでいるんじゃないですか。その点を無視してきた日本の学会を厳しく批判した論文もありますよね。

志野　西田が学んだのは同時代的ものというより、やはり陽明学や禅といった伝統思想の方でしょう。中国で哲学が始まるときにどういったものが参照されたのかというと、井上円了《いのうええんりょう》や金子《かねこ》筑水《ちくすい》（馬治《うまじ》）のものがよく読まれていました。王国維《おうこくい》は田岡嶺雲《たおかれいうん》に影響を受けて哲学に取り組みますし、高山樗牛《たかやまちょぎゅう》や生田長江《いくたちょうこう》などの著述も同時代的に受容されました。西田幾多郎のような本格的な哲学者でない人のものがよく読まれる、といった傾向があったようです。

　もちろん日本の思想だけじゃなくて、デューイやラッセルが来華したり、ベルクソンの思想が日本経由、英語訳経由、あるいはフランスから直接入ってきたりもしていました。それはさておき、中国における日本哲学の受容を考えると、日本国内の京都学派に収斂していくような状況とは違う回路が、見えてくるところがあると思います。

合田　たとえば一方にいま今話している日本語なりいま話されているフランス語があって、他方に一〇〇〇年前のテクスト、二〇〇〇年前のテクストがあるといったように、翻訳するときわれわれは多少なりともこのような二極構造の中で作業をしますよね。でも、当時の西たちの置かれていた翻訳の状況は二極構造ではない。日本語自体が大きく変革していく時期で、さまざまな新しい概念を表す言葉が必要だった。それを中国の古典に求めて造語する。当然同時代の中国語というものも存在している。実に複雑な構造があった。そこから学ぶことがあるんじゃないでしょうか。

垣内　当時欧米化を進めたり、日本と中国との非常に長い伝統の切り離しをしなくてはならないと切実に思っていたタイプの人であっても、彼らがもっていた中国古典に関する教養は、今の私たちの比ではありませんよね。その上でやっていることなので、そこいらあたりは慎重に考えなければいけない。逆にいうと、当時は翻訳するための日本語がまだ確立していない時期でもありました。

いま私たちが哲学を語る言葉が日常から乖離しているといったときに、哲学の世界が乖離しているというより、言葉の世界が乖離しているという部分も大きくあります。その落差を埋めるということでは、もう少しその東洋の伝統的な思想の言葉の使い方を振り返ってみればいいんじゃないかなとも思います。今度の専攻の中で、仮に何かひとつ西洋哲学の文脈の議論があったときに、それに対する東洋の思想、議論の文脈を突き合わせることができて初めて、日本人として日本語で腑に落ちるということもあるんじゃないかと期待しています。

合田　二つの漢字を組み合わせて術語を作るなんてことは、もう今のわれわれにはほとんど不可能ですよね。西の作った言葉は、これだけ社会が変わっても生き延びているものがすごくたくさんあります。今おっしゃられたことも、やはり今回われわれがひとつ大きな主題として考えていかなきゃいけない問題ですね。

まさに思考というのは身体全体の動きだと思うのです。そこに刻まれた複数の言語とか律動といったものは、決して副次的なことではないでしょう。特に今回の哲学専攻には、多様な言語の世界に長く浸ってきた人たちが集まっていますから、そういう視点から、「西田以前」といったものを再考できたらと思います。

垣内　そうですね。いつまでも「東洋に哲学があるのか」なんてことがいわれるように、東洋思想の研究は、やはり過去のもの、遅れたもので、それを乗り越えて近代国家になっていかなければいけないという歴史的な要請の中で、非常に卑下したところからやっています。今でも哲学というと西洋哲学で、中国や日本のものは哲学と名乗るのも何だから「思想」ということで別枠にしている状況が他の大学でも大半です。それがここで一緒にできるということは非常に喜ばしいですし、それらを踏まえた上で、実際の議論は西洋哲学も東洋哲学も関係ないというレベルで語り合えれば、と強く思いますね。

合田　宗教の問題も伺いたいんですが、日本の思想は一二世紀の鎌倉仏教のあたりで、非常に高度な達成を見たという特徴がありますよね。

垣内　それは道元のことですか。

合田　ええ。道元だけではありませんが。西は仏教のことはほとんど語っていないし、キリスト教にもあまり関心をもたなかった人ですが、やはり仏教や儒教や神道の構造的な変動の中で、哲学の場所が生まれてきたような気がするんです。

垣内　空海や道元の価値は、見いだされなければ出てこなかったものですよね。それは近代に始まったことで、当時の最新の思想の流れの中で、こんなすごい結晶があったというふうに発見された。

合田　そう、一九三〇年前後に、日本の知的レベルの高さを語ろうとした田辺元や和辻哲郎《わつじてつろう》が、道元を再発見していくんですね。

垣内　歴史的に、外来のものをきっかけに自前のものへの自覚が進むというのが日本の一つのパターンとしてはありますね。神道なんてその最たる例で、仏教や儒教が入ってこなければ、自己認識すらされなかったでしょう。西洋のものが入ってきたときに初めて、日本にも負けず劣らずのものがあると見いだすわけです。それは、もう時代の要請に応じてなされているのでしょう。

明治大学にはなぜ哲学専攻がなかったのか

合田　明治大学になぜ哲学専攻がなかったのかという問題に移らせていただきます。

明治大学に文学部の前身となる文科専門部ができたのは一九三二年のことでした。山本有三《やまもとゆうぞう》が部長をしていて、小林秀雄とか、谷川徹三《たにかわてつぞう》も参加していました。

小林には、西について書いた「哲学」というエッセイがあります。その中で、西は役人として忙しくて学問はそんなに深められなかったけれども、人間を新たに捉え直す躍動感のようなものが講義から伝わってくる、というような言い方をしています。そのとき彼が注目するのが、「哲学」という語に定まる前に西が候補として考えていた「希哲学」という言葉でした。小林はご存じのとおり、哲学というよりは「批評《クリティーク》」というジャンルを開発した人です。吉本隆明や柄谷行人の活動を見ても、批評ないし批評家が日本の知的な世界を牽引してきたことは否定できないと思います。

一九三二年以降、今日に至るまで明治大学は、哲学科、哲学専攻を作ってきませんでしたが、最近そのことをちょっと調べてみましたら、それはたまたまではなく、故意に作らなかったんじゃないかと思うところがありまして、そのことをお話ししたいと思います。

そのきっかけになったのは、唐木順三《からきじゅんぞう》さんの弟子の先生に、ある場所で、「合田くん、哲学って何だよ」と揶揄《やゆ》されたことです。唐木順三はご存じのとおり、西田、田辺の教えを京大で受けて、戦後、明治の文学部で教鞭を執った人で、『詩と哲学の間』という本を出していますね。九鬼《くき》周造《しゅうぞう》もこれとよく似た「哲学と文学のあいだの小径」という言い方をしています。唐木自身は先ほども問題になりましたが、自らを「哲学者」ではなく「思想家たらんとする者」とみなしていました。田辺との往復書簡はそのことを臨場感あふれる仕方で示しています。

この「間」ですね。唐木の意図が実現されたかどうかはわからないけども、この「詩と哲学の間」を切り開いていこうとする意図が、かつて明治の文学部にあったことは間違いありません。

このあたりは、ある種の伝承と断絶みたいな問題になってくるかもしれませんが、われわれそれぞれが何かしらこの「詩と哲学の間」と関わっていくことになるんじゃないか、またそれを展開していくことになるんじゃないかという思いがあります。

もう一つ、哲学専攻が、ある意味では文学部の端っこというか、三番目にできた学科のまた最後にできたことの意味を考えてみたいと思います。いろいろな意味で縁《エッジ》にあるということですが、それをこれからどう考えていけばいいのでしょうか。

池田 端っこで哲学やるというのはいいですね。心理社会学科に新設されることが意外性をもって受け入れられたりする部分があったわけですよね。実は、私自身はその心理社会学科の中に哲学があることにそれほど違和感がないんです。

たとえば、哲学だけが根本的な問題を問うていると考えるなら、それはちょっと違うのではないか。たとえば「心とは何か」という問題は、哲学者が根本的なところを考えていて、心理学者はこまごまとした実験をやっているけれど根本的なことは問わない、みたいに思われているんだとしたら、これはちょっと誤解があるんじゃないかと思います。

というのは、哲学研究というのも、少し気をぬくと、テクスト解釈が目的化してしまったり、流行の論争に心を奪われたりして根底的な問題を問わずにすませるケースが多いからです。逆にいうと、心理学者であるとか、経験科学に関わる人たちが心とは何かっていうことを考えていて、そちらから哲学に接近することも多々あると思います。

いま私はデンマークのコペンハーゲンにある主観性研究センターというところにおります。基本的には哲学、特に現象学と、認知科学的なアプローチの心理学だとか、もともと精神医学も軸の一つだったんで、研究者が入り交じっているセンターです。ここでは哲学者が方向性をリードするような関係にはなっていなくて、哲学をするために心理学だとか精神医学を参照し、精神医学の人も現象学のテクストを一生懸命読んでいるという、かなり入り交じったところです。ここはそういう研究センターとして世界で一番注目される場所に成長しました。

その現象学でいえば、メルロ=ポンティの現象学はゲシュタルト心理学の知見を活用していましたし、ゲシュタルト心理学者はフッサールなどの現象学から着想を得ていました。このように哲学と心理学が相互影響しながら心とは何かに迫っていたわけで、今日でもそういう動きはいろんなところに見られます。

本当に心とは何かという問いに迫りたいのであれば、哲学だけで閉じて研究するよりも、経験科学と共同する方がさまざまな魅力的な側面はあるだろうと私は思っています。その意味で、心理社会学科に哲学専攻が設置されたことは面白い。

最近、英語圏で急成長している分野に「偏見の哲学」というのがあって、僕もこれに興味をもっています。この偏見の場合は、哲学よりも心理学や社会学の方が先に議論を進めています。ですから、これまで偏見の研究はどうなされてきたかを調べる場合は、心理学や社会学の実証研究を踏まえることがどうしても必要になる。そうすると、哲学が経験科学に吸収されてしまうかのように思われるかもしれませんが、今はそう考える必要は全然ないなと逆に思うようになっています。

というのは、偏見は非常に面白くて、通常は無自覚だったり、自分では偏見の存在を否認したりするので、はっきり何かを意識するとか想像するという、意識の典型的なあり方とは違うんですね。哲学者や心理学者じゃなくても、偏見に関心をもつ、そもそも心って何なんだっていう問題にどうしてもつながっていくわけです。

ただ偏見について考えていくと、たとえば「偏見とは、単なる連想によってある人たちに否定的な特徴を結びつけること」と通常いわれるんですけど、じゃあ連想とは何かという問いにきちんと答えがあるわけではない。連想に感情がどう関係するかとか、連想は正しい知識によって訂正されるのかとか、あるいは知識があってもなかなか変わらないから偏見なんじゃないかとか。これらがすべて探求の的になっていて、こうすると感情、連想、知識などがネットワーク上に問題連関を形成していって、心とは何かという大きな問いになっていくんです。

こういう意味のネットワークを再構築するような仕事をわざわざ引き受けるのはやはり哲学者でしょうし、そういう仕事に取り掛かったなら、心理学者であってもその人は哲学の文献に興味を示すようになる。そういうことをコペンハーゲンのセンターでは体験しているところです。

心理社会学科の中の哲学?

合田　また、哲学専攻は心理社会学科の中に新設されます。心理学も社会学も哲学から生まれたといえばそのとおりですが、今回はこの誕生の順序が逆ですよね。それをどう僕らが捉えていくかというところが大事なような気がしています。坂本さん、どうですか、この逆転についてけ。

坂本　哲学専攻が心理社会学科の中に後から入ってくるのは、歴史の経緯に照らしてみると、そうとうあべこべな事態ですよね。つまり、そもそも心についてどう捉えるかというのと、社会についてどう考えるかというのは、哲学の中ではもともと一体のものとして存在していましたから。

ジョン・ロックだったら、心はどういうふうに働いているのかとまず観察して、その結果を踏まえて、政治とか社会についてどう考えたらいいかを示していく。心の理論から社会の理論まで地続きになっているわけですね。その後、心理学と社会学っていうのが、一八―一九世紀に哲学から分かれて、それぞれのディシプリンを形成していった。

「心理社会学科」という名前になっているということは、心理学と社会学をもう一回結びつけてみようという試みがあるということだと思います。もしそうだとすると、そのときに哲学が財産としてもっているのは、もとは一つだったという経緯を知っているということだと思うんです。もとが一つだったというときに、どんなかたちで一つだったのかを。

いま心を研究している人は心理学に集中して、社会学をやっている人は社会学に集中しているのかもしれませんが、この二つを合わせて考えるときに、その合わせ方のヴァリエーションが哲学の歴史の中にはあるわけです。哲学専攻の人間が混じって、昔はこんなふうに結びついていたんだよと提示すれば、再統合に哲学が貢献できるところがあるかもしれませんね。

逆に、昔の哲学の説の中でプリミティヴなかたちで表れていたものが、現代の心理学とか社会学で、かなり洗練したかたちで理論化されていますから、その知見を踏まえて、昔の哲学から新しい読み方を引き出せる可能性があると思いますし、こういう試みに学生がチャレンジできる場所になればいいなと思います。

池田 さっきのセンターの話の補足になりますが、坂本さんがおっしゃったとおり、ほとんど同じことが起きています。たとえば、「共感《エンパシー》」という概念が、心理学、認知科学にはよく出てきますが、この「エンパシー」という概念は、ドイツ語の「Einfühlung」を英語に翻訳したものです。この「Einfühlung」は「感情移入」とも訳される、もともとテオドール・リップスやフッサールが使っていた概念ですが、これを知っているか知っていないかでものすごい違いなんです。

つまり、いま形成されている概念の形態が、初期のドイツの現象学の中でどのように議論されて、それがどう翻訳されているのかという経緯を知っていると、たとえば「エンパシー」を「マインド・リーディング」と捉えたときには、もともとのエンパシーの概念からそうとう離れていることがわかるんですね。

また、もともと「エンパシー=感情移入」は身体の認知に関係することでした。それに比べて、マインド・リーディングというと、いかにも肌に囲まれて外側からは何もわからないものとしてマインドが考えられていることがわかる。そうすると、現象学の立場からは、いまいわれている「他者理解の理論としての共感」というのは偏っているという批判ができる。それを受けて、では表情なりジェスチャーなりが、どのように他者の理解に役立てるのかという課題が設定されたりするんです。

ともあれ、どうやって議論が成り立ってきたかの経緯を知っていることは強い、というのは、今の坂本さんがおっしゃったことにとても近いと思います。

志野　中国の場合は、心理学や社会学という分け方はもちろんなくて、まさに一つでした。ですから、西洋の編成の仕方とは違う視点を提供できそうに思います。「心」にしても「社会」にしても、共同体のあり方からして違うわけなので、何かこれまでとは別の知見を提供できると思うんですね。

端っこという点も面白いですね。先ほど池田さんが、哲学だからいろんなことに問いを向けることができるというお話をされました。そういう機動性が哲学にはあって、その端っこにいるというのは、その機動性を発揮しやすい立場にいるのかもしれません。初めの方で、大学という概念を変えていく必要があるんじゃないかという話もしましたが、大学の条件を問い直すという点からも、端っこに哲学専攻がある意味を考えていくこともできそうですね。

それから先ほど、合田先生が批評家についてふれられましたが、西田以前で批評を考えたときに思い出すのが、大西祝《おおにしはじめ》の名前です。彼はカント由来の批評なり批判ということを盛んに言っています。それは教育勅語に代表されるような国民道徳に対する批判の文脈で使われることも多いんですが、それ以前から彼は批評主義、批判主義と自分で言っていて、それがいま読み直されているところもあるだろうと思います。

批評や批判、批評家ということでは、ジャーナリスティックな活躍をしていた日本のさまざまな批評家が思い起こされます。中江兆民だってそうだし、福沢諭吉や土田《つちだ》杏村《きょうそん》もそうでしょう。こうした人たちの系譜が、批評や批判という言葉を使うことで、哲学なり智慧なりを示すひとつの筋道として見えてくるところもあるのではないでしょうか。

合田　まだまだお伺いしたいことはたくさんあります。人工知能や再生医療や脳科学についても、また、政治や経済についてもご意見を伺いたかったし、自分も話したいことがありましたが、そろそろ予定の時間になりましたので、遠くない未来にまたこういう場を設けることをお約束して、何というのか「中間休止」とさせていただきます。大変興味深くまた刺激的な話を聞かせていただきありがとうございました。

恥ずかしい話ですが、高校三年のとき僕はエッジにいました。崖っぷちというのか。ぐれて勉強もまったくしなくなってロックに狂って、武田鉄矢の歌みたいですが、合田鉄工のバカ息子の行く大学なんてないぞ、と言われました。自分も大学行く気なかったですし。でも頭ン中でグァングァン音が鳴っていたような気がする。その意味では、哲学とか文学とか訳のわからないものがあって本当に助かったなと思っています。エッジにいる諸君、エッジにいなくてもいいよ、ぜひ関心をもってください。いろんなエッジとエッジがつながったり離れたりすると、そうだな、それはそれで面白いかもしれない。還暦を過ぎて、こんなに受験生のことが気になったのは初めてですね。

森田真生さんという方が『数学する身体』（新潮社）という本を書いています。それに倣って私は「哲学する身体」と言ってみたい誘惑にかられます。さっき言ったように私は、身体的触発と触発への応答しかないと思っているのですね。この同時的な多方向の動き、それを「表出」とひとことで呼んでいいとも思いますが、その中で情念の概念化と概念の情念化が生じる。触発とそれへの反応の「間」、國分功一郎さんなら「中動態」と呼ぶでしょうが、この「間」、様々な「間」ですね、表面のいびつな振動板みたいなものかな、それを各々が磨いていく、それが「間-身体性」としての言語行為の空間、意味の空間を造形しまた壊していくことになるのではないか。ヘラクレイトスのいう「ポレモス」（ポレミック）、戦争と訳されることもあるけれども、闘い、コンフリクトですね。

「哲学する身体」の各々の錬成、そのエクササイズが、健康と病、正常と異常、美と醜、有能と無能、若さと老い、雄と雌、人種や民族という観念、ホモサピエンスとその周辺、人間と動物、人間とロボットといった物の見方を揺さぶっていくことになればいいなと思っています。

この座談会が活字になって出版される頃にはもう終わっているかもしれませんが、二〇一八年四月一四日が哲学専攻のオープニングシンポジウムです。がんばりましょう。末木文美士さん、中島隆博さん、河野哲也さん、國分功一郎さん、宮﨑裕助さんをお招きしてのシンポジウムになりますね。秋にはストラスブール大学名誉教授のジェラール・ベンスーサンがやってきますし、年末にはバークレーからジュディス・バトラーが来てくれます。私は「華やぐ知恵」というニーチェの表現が好きなのですが、哲学専攻という言説空間、あるいは言語行為の空間がどのように形成され変形され歪曲されていくのか、どのような音と軋みとノイズを奏でるのか、大変楽しみです。今回、池田さんはコペンハーゲンからスカイプでの参加ですが、いつも、誰かが不在であるような場になればいいですね。今日は本当にありがとうございました。

（二〇一七年一二月二七日）

第2章

〈日本哲学〉の違和感を探る

……志野好伸

1　日本に哲学なし

「日本哲学」ということばを聞いて、みなさんはどんな印象をもちますか。どこかすわりの悪い感じをもつ人はいませんか。では、フランス哲学、ドイツ哲学はどうでしょう。こちらの方は何の抵抗感もなくすんなり受け入れられるのではないでしょうか。その違いはどこからくるのでしょうか。

この印象の違いは、哲学が西洋由来のもの、より限定して言うなら、古代ギリシア由来のもの、という考えが頭によぎるためだと思います。だから、日本哲学と言うと、あれ、何かしっくりこないという感じをもつ人がいるのです――もちろん、全員そうだとは言えないでしょうが。

そもそも「哲学」ということばは、昔から日本で使われていたものではありません。中国で伝統的に使われていた熟語でもありません。ギリシア語のフィロソフィア、英語ではフィロソフィー(philosophy)の翻訳語で、西周《にしあまね》(一八二九―九七)が中国の古典にもとづいて考案したものです。西周は、オランダに留学してオランダ語を介してフィロソフィーの重要性に気づき、哲学を中心とする西洋の学術体系を日本に輸入しようとしました。彼は、ジョン・スチュアート・ミルの『功利主義論』(*Utilitarianism*)を『利学』と題して訳出し、その序文「訳利学説」で「哲学」という訳語について簡単な説明をしています。この訳書の出版は一八七七年です。その後、この訳語は、中国に逆輸入され、朝鮮・韓国でも使われ、東アジアで共通の用語となりました(発音はそれぞれ違いますが)。つまり「哲学」は、比較的歴史の浅い用語であり、日本が近代化して西洋の学術体系を受け入れる中ではじめて見いだされた概念なのです。コロンブスがアメリカ大陸を「発見」したのと同様の意味で、「発見」された概念であり、さらには「発明」された概念と言ってもよいでしょう。なにしろ「哲学」ということばは新しい造語なのですから。

「哲学」を西洋由来の学問分野の一つととらえるなら、西周以前に「哲学」は存在しませんでした。そこで中江兆民《なかえちょうみん》(一八四七―一九〇一)は晩年、「我日本古より今に至る迄哲学無し」と述べました。自分の寿命があと一年半しかもたないと診断されて執筆した随筆集『一年有半』の中にあることばです。この本が出版されたのは一九〇一年ですが、それまでにすでに東京大学が設立され、哲学科という学科も存在していました。一八七七年の創設時にすでに文学部に「史学、哲学及政治学科」が「和漢文学科」と並んで設置されていたのです。当初はアーネスト・フェノロサ(一八五三―一九〇八)やラファエル・フォン・ケーベル(一八四八―一九二三)など、外国から招かれた講師が哲学の授業を担当していました。卒業生である井上哲次郎《いのうえてつじろう》(一八五六―一九四四)がドイツ留学から帰国し、日本人としてはじめて哲学科の主任教授となるのが一八九〇年です。東京大学には一九〇四年に印度哲学、支那哲学の専修も設置されます。西洋哲学だけでなく、東洋哲学も重要だと考えられたのです。ただし、東洋哲学として学科となったのはインドと中国で、日本は含まれていません。これはどういうわけでしょうか。

井上哲次郎は、一九〇〇年の『日本陽明学派之哲学』を皮切りに、『日本古学派之哲学』(一九〇二)、『日本朱子学派之哲学』(一九〇五)を公刊し、江戸時代の儒学・国学を日本における哲学の伝統として再構成しています。日本にも哲学の伝統を見いだしたいという欲求は強かったわけです。しかし、日本固有の哲学伝統を見いだすのは困難でした。『日本陽明学派之哲学』の重訂版の序文で、井上哲次郎は次のように述べています。

> 要するに、東西洋の哲学を打ちて一丸となして更に其上に出づることが今日の学界の急務である。今は余りに翻訳的輸入哲学に拘泥する傾向が勝ちて居るから少しく東洋哲学に注意すべきである。それには仏教哲学も結構であるが、陽明学のやうな儒教哲学を疎外すべきではない。

輸入哲学たる西洋哲学に対抗しうる東洋哲学として、仏教哲学――当時、井上円了《いのうええんりょう》(一八五八―一九一九)が盛んに仏教哲学を唱えていました――のほかに、陽明学のような儒教哲学が挙げられ、江戸期の思想はその中に位置づけられていたのです。したがって、大学――当時、東京大学のほかに、一八九七年に設立された京都大学があるだけでした――に印度哲学と支那哲学があれば、日本の伝統哲学はそこで扱いうるものと考えられたのでした。

哲学は――自然科学もそうでしょうが――普遍的に妥当する原理を探究する学問です。井上哲次郎が「東西洋の哲学を打ちて一丸となして更に其上に出づる」ことを目指すのも、哲学が普遍性を追求するものだと考えているからです。ただ、どのような問題を設定するか、その問題に対してどのような筋道で接近するかは、時代や地域、また個人によって千差万別です。さらに、自然科学がこれまでの研究の蓄積をもとに新たな探求を進めるのと同様に、哲学も従来の研究を踏まえて探求が行われます。必ずそうしなければ哲学が一切できないということはありませんが、従来の研究を踏まえた方が、はるかに容易に思考を広く深く展開することができます。そのため、先人たちが築いたどのような手法を用いるかによって、現在では現象学、分析哲学、プラグマティズムなどの分野に分かれ、地域的な特色が描き出せるようであれば、イギリス哲学、フランス哲学、ドイツ哲学、あるいはインド哲学、中国哲学、日本哲学などの呼称が用いられます。ただ地域的な特色というのが厄介で、どのような特色を見いだすかは、おおむね共通了解が成り立つとしても、それに異論を唱えることはいつでも可能で、きわめて漠然としたものでしかありません。地域的な特色は後の時代の知的努力によって新たに組み立てられたり、組み替えられたりするものなのです。

したがって、「日本哲学」という語に違和感を覚える理由は、二つ考えられます。一つは、「哲学」という枠組に見合う日本固有の知的伝統が乏しいから、というもの。もう一つは、日本の知的伝統を「哲学」に仕立て上げる努力がそれほど積み重ねられて来なかったから、というものです。どちらがというより、この二つの要因が重なった結果、今日の状況が生まれているのだと言えるでしょう。

「日本哲学」に違和感があるのならば、「日本」と「哲学」のどちらかを薄めてしまえば違和感は解消されます。西洋の哲学を範とし、それこそが普遍性を追求する唯一の道筋だと考えて、日本で、あるいは日本語を用いて思考をつむいでいくのが一つの方法です。西洋の哲学を範とするわけですから、日本の思考の伝統はいったん捨象することになります。もう一つは、「哲学」が要求する基準——論理性や体系性——を緩和して、日本で培われてきた幅広い思索を哲学的な伝統として認めていく方法です。

こうした方法に沿った展開です。「日本哲学」ではなく「日本思想」を好んで使おうとする傾向は、こうした方法に沿った展開です。『日本精神史研究』（一九二六）や『日本倫理思想史』（一九五二）を世に問うた和辻哲郎《わつじてつろう》（一八八九—一九六〇）は、この方向を推し進めようとした一人です。和辻は『日本倫理思想史』の緒論で、「倫理学」と「倫理思想」を区別し、「まだ「学」と呼ばれるほど整ったものにはならない」「倫理思想」を扱うとしています。和辻が言う「倫理学」と「倫理思想」の関係は、ここで言う「哲学」と「思想」の関係に該当します。

それでは、日本にこだわるには後者の方法、すなわち和辻のような方法しかないのでしょうか。そもそも哲学する上で、日本にこだわる必要はあるのでしょうか。私はこだわる必要はないと考えています。先ほど述べたように、従来の研究を踏まえる必要はありますが、日本で、日本語で考えるからといって、日本の知的伝統を踏まえる必要はありません。自分の設定する問題を解決するのに最もふさわしい過去の成果を参照すればよいわけです。ただしここで問うべきは、そもそも問題を設定するときに、西洋の伝統に寄り添いすぎていないか、ということです。ハイデガーは、『形而上学入門』で、「なぜ一体、存在者があるのか、そして、むしろ無であるのでないのか」という問いが形而上学の根本的な問題だとしています。そして、ギリシア語やドイツ語――ハイデガーはギリシア語を「ドイツ語と並んで最も強力であるとともに最も精神的な言葉」だとしています（『形而上学入門』、川原栄峰訳、平凡社、一九九四）――に基づいて「ある」の問題を考えています。しかしこれは、中国や日本の哲学的伝統においても根本的な問題だと言えるでしょうか。中国や日本では伝統的に、「存在者」が問いとして立てられることは稀であり、むしろ「無」を正面に据えて、「無」とは何かを問うことの方が多かったのです。『老子』を理解するためにも、趙州の「無」字の公案（「犬にも仏性はあるか」という問いに趙州が「無」と答えた）を理解するためにも、「無」とは何かを考えなければなりませんでした。また、同じ「ある」の問題を考えるにしても、ギリシア語やドイツ語に基づいて考えるのと、日本語や中国語に基づいて考えるのとでは、違った成果が出てくるかもしれません。先ほど名前を挙げた和辻哲郎は、「日本語と哲学の問題」という論文を一九二九年に執筆し（一九三五年加筆）、「ドイツの哲学者がSeinを哲学の中心問題として取り扱うときには、この語が最も日常的な、最も平俗な言葉であることを」忘れるべきではなく、「日常の言語から遠のいた哲学は決して幸福な哲学ではない」と指摘し、日本語に基づいて「ある」の問題を考えます。そして、「日本語をもって思索する哲学者よ、生まれいでよ」と述べて論文を結んでいます。私は、和辻のこの立場に賛同した上で、この立場が哲学の要求する基準を下げるものではないことを強調したいと思います。この和辻の立場は、存在者の問題という西洋の問いを引き受けたものですから、「西洋の哲学を範とし、それこそが普遍性を追求する唯一の道筋だと考えて、日本で、あるいは日本語を用いて思考をつむいでいく」方法のヴァリエーションだと言えるでしょう。「唯一の道筋」というのは和辻の考えにそぐわないでしょうが。いずれにせよ、和辻の立場も一筋縄ではないわけです。

いわゆる「日本哲学」に対する私の考えは以下のとおりです。日本にこだわる必要はないが、日本をあえて捨象する必然性も同様にない。日本で、日本語で考える以上、日本の知的伝統は、哲学の可能性を拡げるためにも、もっと活用されてよい。

ここであらためて、「西洋の哲学を範とし、それこそが普遍性を追求する唯一の道筋だと考えて、日本で、あるいは日本語を用いて思考をつむいでいく」方法について検討しておきたいと思います。井上哲次郎に続いて東京帝国大学教授となった桑木厳翼《くわきげんよく》（一八七四―一九四六）は、一九三七年に行った「日本に於けるドイツ哲学」と題する講演で次のように述べています。ちなみに、桑木は当時を代表するカント研究者でした。

吾々が西洋哲学を学んでそれを取入れて行くと自分のものになって行くのでありますから、西洋哲学がやはり自分の哲学である。ドイツ哲学も結局自分の哲学なのである。日本に於けるドイツ哲学というのはやはり日本人の哲学になって来て居るのであります。

それがだんだんと発達して行く時に一つの新しい意味の日本哲学が出来る。……そういうものが出来てそれが独り日本のみならず世界に伝わった時に「ドイツにおける日本哲学」というような講演があってドイツの哲学に日本の哲学が非常に影響を与えたということを講義するドイツの学者のあることを希望して已《や》まない訳であります。」（桑木厳翼『日本哲学の黎明期――西周の『百一新論』と明治の哲学界』、書肆心水、二〇〇八、一三一頁）

桑木が「自分のものになって行く」「日本人の哲学になって来て居る」と述べているのに着目したいと思います。出発点は西洋哲学を規範としていても、日本で、日本語を用いて思考を続けているうちに「新しい意味の日本哲学が出来る」と言うのです。これは先ほどの和辻の「日本語と哲学の問題」論文の立場とも一部重なるものです。ただし、重要なのは、和辻がドイツ語などに対抗するかたちで日本語のみでの思考を考えているのに対し、桑木の論文が、ドイツ哲学との混淆として日本哲学を考えていることです。桑木の立場からすれば、純粋な日本哲学を追い求める必要はありません。ドイツ哲学に接ぎ木された日本での哲学も日本哲学なのです。

先ほど、東京大学において、東洋哲学として学科となったのはインドと中国だけで日本哲学はなかったことを指摘しましたが、接ぎ木された日本哲学でよければ、哲学科さえあれば、それはとりもなおさず日本哲学が展開しうる場となりえたわけです。「西洋の哲学を範とし、それこそが普遍性を追求する唯一の道筋だと考えて、日本で、あるいは日本語を用いて思考をつむいでいく」方法では、「日本の思考の伝統はいったん捨象することにな」ると述べましたが、日本で、日本語を用いて考えているかぎり、どこかで伝統とつながり伝統が回帰する場面もあり、それは哲学を豊かにするものだと言えるでしょう。井上哲次郎が目指した「東西洋の哲学を打ちて一丸となして更に其上に出づること」も、この延長上に見えてくるでしょう。哲学は普遍的に妥当する原理を探求する学問ですから、特定の地域・時代に制約されることなく、すぐれてハイブリッドな営みであるべきでしょう。

2　中国における哲学の変容

日本における哲学の可能性を考えるために、中国の事例を参照してみましょう。日本が哲学を受容した環境との違いは二点にまとめられます。一つは、西洋の哲学に匹敵しうる知的伝統が容易に見いだされること、すなわち儒学――現在、中国語圏では「儒教」よりも「儒学」や「儒家思想」が好んで使われています――の伝統が根強く力をもっていたということです。西洋由来の哲学に近い思惟のあり方として老荘思想が挙げられることも多くありましたが、二〇世紀を通して問題とされたのは哲学と儒学との関係でした。もう一つの違いは、「哲学」ということば自体が日本から輸入されたということです。

二つ目の点から説明しましょう。中国でも西洋にPhilosophyという学問があることは古くから知られていました。イタリア人宣教師、艾儒略《がいじゅりゃく》（Giulio Aleni 一五八二―一六四九）の著した『西学凡』（一六二三）にヨーロッパの大学における学科の名称の一つとして「理科」を挙げ、それが「斐禄所費亜」であると述べています。「斐禄所費亜」はフィロソフィアの音訳で、また「理学」とも言い換えられています。宣教師からの同様の情報は日本にももたらされており、新井白石《あらいはくせき》（一六五七―一七二五）などはフィロソフィという学問が西洋にあることを知っていました。しかし一七世紀から一九世紀にかけて、中国でも日本でもフィロソフィアに注目が集まることはなく、また「理学」という訳語が広まることもなく、中国では二〇世紀になって日本から輸入された「哲学」が定着します。「哲学」という語を中国に紹介したのは黄遵憲《こうじゅんけん》（一八四八―一九〇五）で、彼が『日本国志』（一八九五）で日本の大学の学科を説明するなかで「哲学」をそのまま用いたのが最初とされています。その後、日本に亡命していた梁啓超《りょうけいちょう》（一八七三―一九二九）が自ら発行する『清議報』や『新民叢報』などで日本の学術を紹介し、「哲学」という語を頻繁に使用することで、中国に浸透していきます。朝鮮・韓国でも、ベトナムでも、「哲学」は、それぞれの言語に合わせて発音こそ違え、philosophyの訳語として定着します。「哲学」が東アジアの共通語彙となったわけで、言い方を変えれば、「哲学」はハイブリッドな語となったわけです。これには、もちろん、漢字・漢語が東アジアで共通して使われていたことが土台となっています。

　ともかく二〇世紀初頭の中国にとって、哲学は、西洋の学問であると同時に、そのことば自体も日本由来であって、二重の意味で外来の学問でした。「哲学」という語に限らず、多くの学術用語で、日本の訳語が採用されますが、そのことについて反対する立場が支配的になることはありませんでした。哲学に対して排他的な立場をとる人は、ことばの問題は二の次として、それが異国の学問体系であるということを問題視したのです。その際、中国には儒学の伝統があるというのが哲学不要論を説く論拠となりました。哲学受容の際の日本の状況との違いとして挙げた二つの要素のうち、訳語の要素はさしたる問題とならず、中国の知的伝統の問題の方が大きな影響をもたらしたのです。

中体西用を唱えた張之洞《ちょうしどう》（一八三七—一九〇九）は、哲学反対論者の代表です。儒学を重んじる張之洞は、「中国の聖賢の残した経書にはすべての理が含まれているのだから、学校において四千年の実態ある理をおいて、数万里の彼方の空談を追及してよいはずがない」（「籌定学堂規模次第興辦摺」）と主張し、学校で「ヨーロッパの哲学を講義してはならない」という意見を奏上しました。「数万里の彼方の空談」というのは西洋の哲学を指しています。これに対し、日本に留学した経験をもつ王国維《おうこくい》（一八七七—一九二七）は、次のように反対意見を表明しました。

（張之洞は）外国の哲学は中国古来の学術と相容れない、としている。私が思うに、張尚書（張之洞）の考えは外国の哲学に限った話ではない。彼は我が国の哲学に対しても、警戒心を抱いている。周・秦の諸子の学は皆捨て去られ、宋儒の理学にしても、その道徳哲学の範囲内に限って研究するということである。これもまた大いなる誤りで正しくない。……したがって宋儒の形而上学を無視してその道徳哲学を研究しようというのは、まったく不可能なことである。

（「奏定経学科大学文学科大学章程書後」、一九〇六）

王国維は、単に中国古来の学術と西洋の哲学が両立すると主張するだけではなく、西洋から哲学を導入することで、儒学を道徳哲学に限定せず、より幅広く理解し、儒学以外の諸子百家についても思想資源として活用することを提唱しました。別のところで「理学と哲学との関係は、2×5と1×10との関係と同じ」だとも述べています（「教育偶感四則」）。王国維はまた、学術用語が日本由来であることについて、それが「きわめて不都合でないかぎり、私たちが新たに創造するわけにはゆかない」と述べています（「論新学語之輸入」）。哲学、ひいては学術一般が、国や時代の制約にとらわれるべきではない、というのが王国維の考えでした。王国維は、哲学と美術について、それらは「天下万世の真理であるからこそ、一時一国の利益と必ずしも合致するわけではなく、相矛盾するときもあるが、これこそその神聖さのあかしである」（「論哲学家与美術家之天職」）と述べました。王国維は、一時一国の利益と結びついてきた儒学＝理学ではなく、天下万世に妥当する真理を求めて西洋由来の哲学を必要としたのです。王国維は、「性（本性）」や「理（理法）」や「命（定め）」といった中国伝統の概念について、西洋哲学の知識を用いて分析した論文などを著しますが、やがて哲学を放棄し、古典文学や歴史に研究対象を移してゆきます。

胡適《こてき》（一八九一―一九六二）は、西洋哲学の知識を活用した中国哲学史を北京大学で講義し、その内容を『中国哲学史大綱』として発表します。その「導言」において彼は、漢学によって伝えられてきた中国の古書と西洋の新旧の学説とを合流させて、「中国の新しい哲学」を作らなければならないと述べました。インドの仏教を吸収した中国の伝統と、ユダヤの伝統を吸収したギリシア・ローマの伝統が一つになって、「世界の来るべき哲学」を打ち立てるという見通しを示した胡適は、哲学がハイブリッドなものであることを認めていました。

ところが、第一次世界大戦によるヨーロッパの荒廃が明らかになると、西洋の哲学の限界を意識し、西洋とは異なるものとして中国独自の価値を見直そうという動きが顕著になります。かつて西洋学術の日本経由での輸入を推し進めた梁啓超も、伝統回帰の立場を打ち出し、プラグマティズムやベルクソン哲学を、西洋の哲学に反省を加え、中国の伝統に近づいてきたものと理解しました。そして哲学全般を、中国の伝統に合わせて変形しようとします。それが哲学を「人生哲学」として把握しようという潮流です。梁啓超は『儒家哲学』(一九二七)の第一章で次のように述べています。

> 西洋哲学は宇宙論あるいは存在論(本体論)から論理学に重点を置くようになり、さらには認識論に重点を置くようになった。いずれも徹頭徹尾「知を求める」ことから起こった考えである。それゆえ彼らのこうした学問を「愛智学」と呼ぶのはきわめて妥当である。しかし中国の学問はそうではない。それは知識の学問というよりは、むしろ行為の

学問である。中国の先哲は知識を軽視したわけではないが、知識を出発点としたわけでもなければ、知識を到達点としたわけでもなかった。直訳されたPhilosophyに含まれる意味は中国にはふさわしくなく、あえて借用するとすれば、上に形容詞をつけて「人生哲学」と称するほかない。中国哲学は人間を研究することを出発点とするものであり、それが最も重視するのは、人を人たらしめている道であり、どうすれば人として認められるのか、人と人との間にはどのような相互の関係があるのか、といったことである。

梁啓超は哲学を人生哲学に変容することで、西洋哲学とは異なる中国哲学の伝統を確立しようとしたのです。ただし、梁啓超は同書で、西洋由来の「哲学」という語は、「中国思想」の性質に合わない点があるとも述べています。

馮友蘭《ふうゆうらん》（一八九五—一九九〇）もまた、哲学を人生哲学に集約しようとしました。アメリカのコロンビア大学に提出した博士論文を中国語にして発表した『人生哲学』（一九二六）において、哲学を物理学、倫理学、論理学の三部門に分け、それをそれぞれ宇宙論、人生論、知識論と言い換えた上で、次のように述べます。

哲学はそのうちの知識論を囲いとし、宇宙論を樹木として、人生論という果実を生む。人生哲学を語る者こそがじかにその果実を手にするのである。哲学はその論理学を筋骨とし、自然哲学を血肉として、人生論という霊魂を養う。人生哲学を語る者こそがじかにその霊魂を手にするのである。……こうしたことから言うと、人生哲学は哲学の簡易版だと言うこともできるのである。

人生哲学は人生観と言い換えられることもあります。日本語で人生哲学や人生観と聞くと、功成り名を遂げた人が自分の生き方を語ったようなものを連想しませんか。『広辞苑』(第七版)は「哲学」の意味を、①「物事を根本原理から統一的に把握・理解しようとする学問」と、②「俗に、経験などから築き上げた人生観・世界観。また、全体を貫く基本的な考え方・思想」とを分けて説明しています。このうちの②の「哲学」の意味と重なってくるわけです。一方、中国語で「人生哲学」や「人生観」といった場合、②の意味がないわけではありませんが、日本語よりもずっとアカデミックな意味合いの強いことばです。馮友蘭が分類したとおり、これらは倫理学とほぼ同義で使われるのです。中国の知識人が、西洋哲学と性格の異なるものとして中国哲学の伝統を構築してきた努力の積み重ねが、言い換えるなら、日本の知識人よりも自国の知的伝統を重んじ、それを「哲学」の名の下に再編しようとしてきた結果が、日本語と中国語のニュアンスの違いを生んだのだと言えるでしょう。「日本哲学」の用法と「中国哲学」の用法が異なるのも、同様の帰結です。現代新儒家と呼ばれる人たちの活動も、こうした流れの延長上に位置づけることができます。

竹内好《たけうちよしみ》（一九一〇―七七）は、こうした日中の違いを、「転向文化」と「回心文化」という表現であらわしました。竹内によれば、幕末に攘夷論者がそのまま開国論者になったのが転向の典型で、そこには抵抗がありません。「回心は、見かけは転向に似ているが、方向は逆である。転向が外へ向う動きなら、回心は内へ向う動きである。回心は自己を保持することによってあらわれ、転向は自己を放棄することからおこる。回心は抵抗に媒介され、転向は無媒介である。……私は、日本文化は型としては転向文化であり、中国文化は回心文化であるように思う」（「近代とは何か（日本と中国の場合）」、一九四八）。また、中国を訪れたJ・デューイの見解に基づきながら、「日本は、外見ははるかに近代国家だが、本質的には、封建的なものが強く残っている。中国は、文化が古いために、日本より保守的であり、したがって近代化がおくれたが、それだけに改革のやり方が徹底的であって、国民心理の変革という基礎工事からはじめているから、より確実である」（「胡適とデューイ」一九五二）とも述べています。中国に肩入れした文章ではありますが、価値評価は別にしても、それぞれの近代化の経緯は端的に示されており、西洋哲学の受容についてもこの類別は妥当すると言えます。

3　日本と中国の交錯、そして世界へ

ところで、「中国哲学」を創造するために、哲学を「人生哲学」化することは、王国維が張之

洞を批判したように、道徳哲学ばかりを考えて、その背景となる形而上学を考えないことにつながりはしないでしょうか。そして西洋哲学と中国哲学とを峻別することは、哲学のハイブリッド性を削ぐことになるのではないでしょうか。おそらく、どちらもある程度あたっているでしょう。とはいえ、道徳哲学が前面に出たとしてもその背景が軽視されるわけではないといった反論もありえますし、また、一旦中国哲学の特殊性をあぶり出したとしても、そこから西洋哲学とは別の普遍性が提示できるなら、それは結果的に哲学のハイブリッド性を回復することになるといった反論も可能でしょう。

ここでもう一度日本の状況に戻りましょう。実は、人生哲学や人生観といったことばは、二〇世紀初頭に日本でも流行していました。李石岑《りせきしん》（一八九二―一九三四）の著した『人生哲学』（一九二六）の参考書目に挙げられた日本語著作から一部拾うと、高橋五郎著『人生観』（一九〇三）、丘浅次郎著『進化と人生』（一九〇六）、柳宗悦著『科学と人生』（一九一一）、島村抱月著『人生と芸術』（一九一九）、武者小路実篤著『自分の人生観』（一九二〇）、浦谷甫水著『人生問題　自殺と自我』（一九二三）、帆足理一郎著『人間苦と人生の価値』（一九二三）、江原小弥太・中西伊之助共著『人生論十二講』（一九二五）、人生哲学研究会編『近代人の人生観』（一九二五）などがあります。最後の『近代人の人生観』は、高山樗牛、中江兆民、福沢諭吉のほか、文学者である夏目漱石や国木田独歩らの人生観、死生観を論じた文章を集めたものです。中国で当時読まれた厨川白村《くりやがわはくそん》の『象牙の塔を出て』（一九二〇）も挙げられています。日本語に訳されたものを同じく李石岑の挙げる参考書目から拾うと、R・オイケンの*Die Lebensanschauungen der großen Denker*が安倍能成によって『大思想家の人生観』というタイトルのもと一九一二年に訳出されています。この本が参考書目の筆頭に挙がっています。ほかに、W・ジェイムズの*Will to Believe, and Other Essays in Popular Philosophy*が小野実訳で『人生の哲学』というタイトルで一九二一年に訳出されています。金子馬治・桂井当之助共訳のH・ベルクソン著『創造的進化』（一九一三年）、宮島新三郎訳のトルストイ著『人生論』（一九二二年）なども挙がっています。

これらの著作群から二つの点を指摘したいと思います。一つは、梁啓超によって西洋から中国に近づいてきた哲学として挙げられていたジェイムズやベルクソンが参照されていること――ちなみに梁啓超は第一次大戦終結後にヨーロッパを視察した際に、オイケンにも面会しています――、二つ目は、哲学者よりも文学者の名前が多いことです。ここからうかがえるように、日本では、人生の問題がアカデミズムの外で盛んに議論されていました。プラグマティズムや、オイケン、ベルクソンなどを総称して用いられる生の哲学も、当時の日本では、むしろ大学外で大きな反響を呼んだのでした。そして着目すべきは、西田幾多郎《にしだきたろう》（一八七〇―一九四五）の『善の研究』も、こうした知的環境のなかで世に問われたということです。『善の研究』の出版は一九一一年です。

伊藤邦武は、『善の研究』の位置づけについて次のように述べています。

（大学での講壇においてはドイツ観念論が、大学の外では生の哲学やプラグマティズムが強い影響力をもつ）こうした大学の内外の分裂状況とも言うべきものを打破したのは、一般に近代日本哲学の出発点とみなされている、西田幾多郎の『善の研究』の出版である。

（「アメリカン・プラグマティズムと日本哲学」、伊藤邦武責任編集、『哲学の歴史　第8巻　社会の哲学』、中央公論新社、二〇〇七、六四一頁）

『善の研究』には、ジェイムズの純粋経験という考えが大いに参考にされていますし、西田はベルクソンを最初に評価した一人でもありました。では、西田の哲学観はどのようなものだったのでしょうか。『善の研究』の序で、西田は、「この書を特に「善の研究」と名づけた訳は、哲学的研究がその前半を占め居るにも拘らず、人生の問題が中心であり、終結であると考えた故である」と記しています。より主張が明確な、後の時期の文章からも引用します。

哲学は思弁的と云はれるが、哲学は単なる理論的要求から起るのではなく、行為的自己が自己自身を見る所から始まるのである、内的生命の自覚なくして哲学といふべきものはない、そこに哲学の独自の立場と知識内容とがあるのである。かかる意味に於て私は人生問題といふものが哲学の問題の一つではなく、寧ろ哲学そのものの問題であるとすら思ふのである。

（「私の絶対無の自覚的限定といふもの」、一九三一）

西田は「生の哲学について」（一九三二）という文章でも、「古来、哲学と称せられるものは、何等かの意味に於て深い生命の要求に基かざるものはない。人生問題というものなくして何処に哲学というべきものがあるであろう」と述べています。こうした考えは、梁啓超が『儒家哲学』で披露した主張ときわめて近しいものです。

　ところが、中華民国時代になってからの日本と中国で、哲学者同士の交流は下火になります。梁啓超が西田幾多郎に関心を示した様子はありませんし、西田も梁啓超のことを知っていたかどうかつまびらかにしません――『善の研究』の中国語訳は一九二九年に出版されていますが。その遠因は、一九〇五年に日本政府が清国留学生の取り締まりを強化したことで、それに反発した留学生が大量に帰国、一九一一年の辛亥革命を機に中国に戻る学者も大勢いました。一九一五年には日本が袁世凱《えんせいがい》に二十一ヶ条の要求をつきつけ、中国の対日感情は急速に悪化します。この時期の交流としては、胡適と鈴木大拙《すずきだいせつ》（一八七〇―一九六六）が、敦煌で発見された禅文献について議論を戦わせたことと、河上肇《かわかみはじめ》（一八七九―一九四六）の著作が中国の社会主義者に大きな影響を与えたことなどが挙げられますが、全般的に低調であったことは否めません。そうした状況に一石を投じた土田杏村《つちだきょうそん》（一八九一―一九三四）――彼もまた在野の哲学者、ジャーナリストでした――の『日本支那現代思想研究』（一九二六）から引用します。

　西欧人の眼から見れば、日本と支那とは同文であり、過去に於て支那の哲学は日本の其れへ移植せられ、其処《そこ》で大いなる発展を遂げたのであるから、随って日本と支那の現代思想は共通の世界をつくって居るものであるかのように考えられよう。けれども実際は両者の間にそうした密接な関係は認められない。日本の民衆及び専門の思想家にして支那の思想家の論著を読む者は、凡《およ》そ幾人あろう。

日本も中国も、西洋の方を向いて、隣国の同時代の状況を見ていなかったのです。東亜共同体論という理想が空疎に響くのも、中国の知的現況に対する日本人の関心がそもそも稀薄だったからではないでしょうか。

しかし現在、環境は大きく変わってきています。「日本哲学」、「中国哲学」をめぐる最近の動向について述べて、本論を締めくくりたいと思います。

二〇〇一年に発表された鄭家棟の「「中国哲学」の「合法性」について」(「「中国哲学」的「合法性」問題」)を皮切りに、哲学と中国哲学の関係を問い直そうという議論が、二一世紀になってから中国大陸を中心に活発に行われました。鄭家棟によれば、中国哲学の合法性(legitimacy)をめぐる問題とは以下のとおりです。

中国の歴史上、ヨーロッパの伝統からある種、独立した「中国哲学」が存在したのか。あるいは、「哲学」とは、我々が中国の伝統的な思想を解釈するための、一種のふさわしい方式なのだろうか。また、結局のところ、どういった意味で、「中国哲学」という概念、およびそれが述べるところの内容に対し、ふさわしい説明を与え、また十分な理論的根拠を得ることができるのだろうか。

（松下道信訳『中国——社会と文化』第十九号、二〇〇四、三二三頁）

鄭家棟は、この問題について、「単にある種の民族主義的な抗争」に陥ってしまってはならず、「どのように中国の伝統的な思想の資源を発掘し、人類が現代社会において遭遇している普遍的な問題に答えるか」という点を見失ってはならず、それゆえに「西洋哲学の「合法性」もまた新たに認識しなおす必要があるだろう」と述べています（同、三三二頁）。興味深いのは、この議論がその学術的意義から海外出身の研究者の反応も呼び込んだことです。代表的なものとして、J・トラヴァール（Joël Thoraval 中国語名：杜瑞楽）とF・ホイベル（Fabien Heubel 中国語名：何乏筆）の業績を挙げておきます。文化人類学者でもあるトラヴァールは、「儒家の経験と哲学の言説——現代新儒家におけるいくつかのアポリアについての省察」（『中国——社会と文化』第十九号、二〇〇四）という論文で、哲学言説の人類学的文化的背景を探る重要性と、その背景が雑種化（hybrides）していることを指摘しました。この論文は、日本語になる以前に、フランス語、英語、中国語で公表されています。ホイベルは、「中国哲学」よりも「中国語哲学（漢語哲学）」という言い方を提唱し、中国語のもつトランスカルチュラルな潜勢力（古典語も現代語も含み、日本、朝鮮、ベトナムに広がる）に着目しました。「トランスカルチュラルな批判と現代中国語哲学――後期フーコー研究に対する方法論再考」（原題「跨文化批判与当代漢語哲学：晩期傅柯研究的方法論反思」、『揭諦』十三期、二〇〇七）など一連の業績があります。中国思想の伝統を哲学として再構成してきた一〇〇年余りの歴史が、活発な議論の前提となっていたこと、西洋と中国の二項対立ではなくハイブリッドな視点が提唱されていることを、特に強調しておきたいと思います。

哲学をハイブリッドなものとして、トランスカルチュラルなものとして捉える視点から、日本哲学を見直す動きも近年盛んです。日本哲学と中国哲学の関わりも、この流れにおいて重要な文脈を構成しています。日本で出版された成果として、J・W・ハイジック編『日本哲学の国際性――海外における受容と展望』（世界思想社、二〇〇六）、台湾で出版された成果として、林永強・張政遠編『東亜視野下的日本哲学――伝統・現代与轉化』（臺大出版中心、二〇一三）、また研究組織として、二〇一四年に設立されたInternational Association of Japanese Philosophyを挙げておきます。これは、「日本哲学」を対象として世界各国の研究者が参加する組織です。さらに、最近台湾で、日本統治期の台湾人哲学者についての研究が推進されています。いわゆる「台湾人哲学者」の中には、日本に留学し日本語で論文や著作を発表した研究者が多数います。彼らの哲学は、台湾哲学とも言えますし、日本哲学の一部とも言えます。こうした多角的な研究が、「日本哲学」を多様化し、哲学そのものの可能性を拡げていくことでしょう。「日本哲学」の出自と展開を知ることは、こうした試みを推進するための道しるべとなるはずです。

第2章【読書案内】

近現代の日本と中国における哲学受容の状況について、私見をまとめましたが、私は一〇年ほど前まで六朝から唐宋期の文学理論などを研究していました。昔の中国には「哲学」や「文学理論」といった言い方はもちろんありませんが、今で言う文学理論は、当時の人々にとっては世界の構造を考えるための枠組の一つでもありました。そうした思考の成果を、当時の中国における「哲学」のかたちの一種とみなしてもよいのではないか、という考えから「中国哲学」の研究者を名乗っていたわけです。そんな私が大きく研究対象を変えたのは、同僚の合田先生から、ベルクソンのシンポジウムがあるから、中国におけるベルクソン受容についてしゃべってくれ、フランス語で、と頼まれたのがきっかけです。近代以降の中国の知的状況にも以前から関心はもっていながら、なかなか手を出せず敬遠していたのですが、暗中模索で取り組んでみるとなかなか面白く、本腰をいれて研究してみようという気になり、今に至ります。

「哲学」を問いなおすためのステップとなるような三冊を挙げておきます。

小林康夫編『いま、哲学とはなにか』（未来社、二〇〇六年）

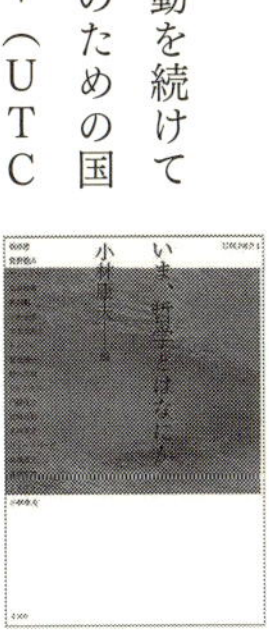

二〇〇二年から活動を続けている東京大学「共生のための国際哲学交流センター（UTCP）」の企画として編まれた論集です。「哲学と呼ばれる活動そのものが、すでに西欧と非西欧の文化の差異にかかわるものである」（小林康夫氏）といった立場からの「哲学とは何か」という問いかけに、国内外の研究者一九名が回答を寄せています。本文で言及したジョエル・トラヴァール氏——在外研究でフランスに滞在した際お世話になりましたが、二〇一六年に惜しくも亡くなられました——も、日本と中国における哲学受容のあり方を批判的に考察する論稿を寄せています。哲学を問いなおすという哲学的な行為の豊かさを実感できると思います。世

界中の研究者と交流しながら積極的な発信を行っているUTCPの活動に対する敬意もこめて、この一冊を挙げておきます。

濱田恂子『入門近代日本思想史』（ちくま学芸文庫、二〇一三年）

　この入門書が類書と大きく異なるのは、もともとドイツ語で出版された著作だということです。つまり、日本語で書かれた思想文献を著者が一度ドイツ語で紹介し、それをまた日本語にするという作業を経て書かれているのです。日本の事情に明るくない読者を想定して一度書かれているからでしょうか、近代以降の日本の思想家の言説が、明晰に整理されています。福沢諭吉から、鷲田清一や森岡正博といった今なお活躍している思想家までがとりあげられており、幕末以降現在までの日本思想、日本哲学の流れを追うことができます。明治大学の教授であった中村雄二郎や市川浩にも紙幅が割かれています。二〇一七年には、『近代日本思想史』のタイトルで中国語版も香港で出版されました（訳：周俊宇）。

竹内好『魯迅』（講談社文芸文庫、一九九四年）

　本文で紹介した竹内好の著作です。一九四三年に中国に出征する前に、自分の「遺書」とするような気持ちで書き上げられました。竹内は「がまんする、堪える、もがくなどの意味」をもつ「掙扎《そうさつ》」を、魯迅を読み解くためのキーワードとしていますが、それは竹内を読み解くキーワードでもあるでしょう。「近代」を問いなおす竹内の試みは、近年中国語圏を含む世界各地で再評価されています。

第3章

「物の理を窮める」と「もののあはれをしる」

……垣内景子

はじめに

明治の初め、西洋から様々な文物とともにPhilosophyが伝えられたとき、日本人は当初それを「理学」あるいは「窮理学」として受けとめました。後にPhilosophyは「哲学」という和製漢語に訳されることになるのですが、この「窮理学（理を窮める学問）」という考え方は、今日でも私たちが使っている「物理学」「心理学」「倫理学」「地理学」といった学問名称にその名残をとどめています。

いま改めて考えてみてください。「物理学」とは、物質の「何」を「どうする」学問なのでしょうか。「心理学」とは、人の心の「何」を「どうする」学問なのでしょうか。その「何」を当時の人たちは「理」と呼び、「どうする」を「窮める」と考えたのです。では、この「理」とはいったい何なのでしょうか。「窮める」とは具体的にどうすることなのでしょうか。さらに言えば、本当に物質や人の心に「理」はあるのでしょうか。かりにあったとして、私たち人間は本当にその「理」を「窮める」ことができるのでしょうか。あるいは、「物理学」と「心理学」というように、物と心を別分野に分けることは妥当なのでしょうか。

こうした問いかけは、私たちがふだん何気なくイメージしている学問・研究という営みそのものが、何を対象とし、それにどう働きかけることなのかということを問い直すことにもつながります。しかし、そもそも学問・研究にはその対象となる何かが必ず存在し、その何かに人間の知性は必ず辿り着くことができるということを、いったい何が保証してくれるのでしょうか。そこには何か暗黙のうちに前提とされてしまっている特定の考え方があるのではないでしょうか。「哲学」は、幸いにも「○理学」という名称を免れました。「○理学」ではない「哲学」だからこそ、近代以降の学問・研究が暗黙の前提としている「理を窮める」という考え方そのものを吟味し、未来に向けた新しい学問・研究を創り出してゆけるのではないでしょうか。

ところで、「理を窮める」という表現は、東洋思想の文脈では朱子学のタームです。朱子学は「理学」と呼ばれ、この世界のあらゆる物事には必ずそれぞれ「理」があり、人は必ずその「理」を知ることができるとして、「窮理」をその学問の柱としていました。この朱子学の考え方が、西洋の新しい考え方に触れる以前の日本人の学問観の中心にあったのです。つまり、明治の初めの日本人は、朱子学のいう「窮理」という言葉を介して西洋近代諸学問を受けとめたわけですが、いま改めて朱子学の「窮理」を読み直してみるとき、そこには西洋近代の学問観とはまったく異質の学問観が見て取れます。では、朱子学のいう「物の理を窮める」とは、何をどうすることなのでしょうか。「○理学」という名称で今日でも私たちの学問・研究観とつながっている「理」とは、朱子学においてはそもそも何を指すものなのでしょうか。

一方、朱子学の「窮理」を、中国由来の悪しきもの（「漢意《からごころ》」）として批判した日本の本居宣長は、この世界のすべては神の御心・御仕業であって、人間の小賢《こざか》しい知恵ではかり知ることなどできないとして、人間知性の限界を語りました。そして、宣長は「物の理を窮める」のではなく「もののあはれをしる」ことを求めたのです。宣長はなぜ「窮理」を批判しなければならなかったのでしょうか。それに対置される「もののあはれをしる」とは、何をどうすることなのでしょうか。知性の限界が示された人間は、どうやって「もののあはれをしる」ことができるのでしょうか。

以下、朱子学の「物の理を窮める」という言葉と、本居宣長の「もののあはれをしる」という言葉の意味を読み解くことを通して、今日の私たちの常識的な学問・研究観を問い直してみることにしましょう。

1　朱子学の「格物窮理」

「窮理」という言葉は、朱子学の祖の朱熹《しゅき》がある経典の言葉を解釈するために持ち出したものでした。その言葉とは「格物（物に格《いた》る）」というもので、朱子学が重んじる『大学』という経典の中に次のように登場します。

天下を平らかにしたいのならば、まず国を治めなさい。国を治めたいのならば、まず家を斉《ととの》えなさい。家を斉えたいのならば、まず身を修めなさい。身を修めたいのならば、まず心を正しなさい。心を正したいのならば、まず意を誠にしなさい。意を誠にしたいのならば、まず知を致しなさい。知を致すことは物に格《いた》ることに在る。

ここに見える八つの項目は『大学』の八条目と呼ばれ、朱子学の学問全体の見取り図となるものです。この八つを着手すべき順番に並び替えると次のようになります。

格物＝致知↓誠意↓正心↓修身↓斉家↓治国↓平天下

つまり、天下を平らかにするという大いなる目標のための第一歩として、一人一人の人間に求められているのが「格物」であり「致知」であるのです。朱熹はこれらの言葉を次のように解釈しています。

「致」とは、推し極めるという意味、「知」は識の字に近い意味である。自分自身の知識を推し極め、知り尽くそうとすることである。「格」は至るの意味、「物」は事の意味に近い。事物の理に窮め至り、窮極のところに到ろうとすることである。

（『大学章句』経一章）

朱熹は、『大学』の「格物」という言葉を「事物の理に窮め至る」と解釈しました。「格物」の「物」とは、物質としての個物だけを指すのではなく、「事」の意味をも含むもので、私たちがそれと名付けて意識の対象にできるあらゆる物事・事象を意味します。つまり、個々具体的な物事に即してその「理を窮める」ことが、朱子学の求める学問・実践の着手点というわけです。

ところで、上に掲げた八条目のうち、「致知」から「平天下」までの七項目は、それぞれ前者が後者を実現するための着手点として示されているのに対して、「格物」と「致知」の関係だけは「知を致すことは物に格ることに在る」というような異なった表現になっています。このことの意味を、朱熹は次のように説明しています。

いわゆる「致知は格物に在る」とは、自分自身の知を致そうとするならば、それは物に即してその理を窮めることにあるという意味である。つまり、霊妙なる人の心には知がないことはなく、一方、天下の物事には理がないということはない。ただ理においていまだ窮めていないところがあるので、知にも十分尽されていないところがあるのである。こうしたことから、『大学』という書物の教えの始めは、必ず学ぶ者にあらゆる天下の物事に即して、すでに知っている理を基にどんどん窮めて、窮極のところに至るようにさせているのである。久しく努力を続け、あるとき豁然《かつぜん》と貫通すれば、多くの物事の表裏精粗すべてに到り、自分自身の心の全体大用（完全なる本体と大いなる作用）が明らかになる。……

（『大学章句』格物補伝）

ここで注目すべきは、「霊妙なる人の心には知がないことはなく、一方、天下の物事には理がないということはない。ただ理においていまだ窮めていないところがあるので、知にも十分尽されていないところがある」という言葉です。ここで朱熹は、人の心にはあらゆる物事の理を知りうる知的能力が潜在的に存在していること、そしてそれは心の外の個別の物事に対応してのみ発揮されることを述べています。すなわち、ある物事の理を一つ窮めればそれに対応した自分の心の知が一つ発揮され、二つ窮めれば二つ発揮されるということで、逆にいえば外在する物事に対応しないところに知を考えることはできないということです。つまり、「格物」と「致知」は常に同時進行し、表裏一体になっているということなのです。

2 「理」とは何か?

では、朱熹が「物事に即してその理を窮める」というとき、その「理」とは何を意味しているのでしょうか。私たちは今日でもたくさんの「理」の字を含む言葉を使っています。「理想」「理性」「理論」「理由」「理屈」「道理」「真理」「盗人にも三分の理」……、これらの「理」の字の意味をひと言で言い当てるのは容易ではありませんが、朱熹は次のように定義しています。

この世界のあらゆる物事には必ずそれぞれ「そうである所以《ゆえん》」と「そうでなければならない則《のり》」がある。これがいわゆる「理」だ。

(『大学或問』)

朱熹は、「理」を二つの側面から定義しています。一つは、「そうである所以」です。たとえばAという物事がBではなくAである所以、すなわちAがAであることを支えている根拠や理由、言い換えればAの本質や意味、これがAの「理」と呼ばれるものです。もう一つは、「そうでなければならない則」です。AがAであるかぎり必ずそうでなければならない法則性やパターン、あるいはAがAと呼ばれるかぎり必ず果たさなければならない役割がAの「理」のもう一つの側面です。

つまり、朱熹のいう「理」とは、私たちがこの世界に見出す様々な物事の区別を支えるそれぞれの物事の意味や役割や価値であると同時に、それぞれの物事のあるべき正しいあり方を意味しています。「理」は、この世界の有り様を理解し説明するものであると同時に、この世界のあるべき姿を示すものでもあるのです。

「理」のこうした二面性は、本来物事の自然の姿においては矛盾なく同居できるものなのかもしれません。たとえば、犬には犬の「理」があるという場合、犬が犬である所以（犬の本質）と、犬が犬であるかぎり必ずそうでなければならない則（犬のあるべき姿）とを切り離して考えることはできません。というよりも、犬についてその本質とは別にあるべき姿を求めるのは、人間の勝手な都合であって、そもそも自然界の犬についてあるべき姿を語る必要はないはずです。

ところが、人間に関しては往々この「理」の二面性は食い違いを見せます。人間であるかぎり必ずそうでなければならない則、すなわち人間のあるべき姿は、いまここに生きている現実の人間の姿とは別個に語られ得るからです。そして、これまた往々にして、現実の人間に即した人間の本質よりも、あるべき理想として語られる人間の姿の方が重要視されることになります。

人間という存在の「理」だけにとどまらず、人間が関わる行為の「理」についても同様のことが言えます。たとえば、親子関係という物事における「理」は何かと考える場合に、結局はあるべき親子関係を現実の親子関係に押しあてて考えることになりがちです。

つまり、こと人間に関するかぎり、「理」はあるがままの現実の姿を説明するものというよりは、あるべき理想の姿を現実に対置させて語るという側面が強くなるということです。

朱子学がこの世界のあらゆる物事には「理」があるというとき、それはこの世界のあらゆる物事にはそれぞれ意味があり価値があり役割があり説明可能だということを意味していると同時に、あらゆる物事にはそれぞれこうあらねばならない正しいあり方があるということを意味しているのです。

3 「窮める」とは？

では、その「理」を「窮める」とは、どういう意味なのでしょうか。一見すると、私たちが何気なく使う「研究する」「探究する」というような言葉と同じもののようにイメージされるかもしれませんが、朱熹のいう「窮める」はそれとはかなり異なります。朱熹は次のように語っています。

「格物」は、絶対にそうであるということを本当にわからなければならない。子として孝でなければならないことを知らないとか、臣下として忠でなければならないことを知らないなどということがどうしてあろうか。そういうことは人は誰でも知っているのだ。ただ子であれば絶対に孝でなければならないこと、臣下であれば絶対に忠でなければならないことを本当にわからなければならず、絶対にそのように行動してこそよいのだ。

（『朱子語類』巻十五・19条）

ここで取り上げられているのは、君臣関係や親子関係という物事の「理」です。たとえば、親に対する子のあるべき姿が子としての「理」ですが、それが「孝」であることは「人は誰でも知っている」と朱熹はいいます。つまり、朱熹のいう「理」は、どこか奥深いところに隠れていて、人が「研究」や「探究」の果てに辿り着くものではないということです。

では、朱熹がその誰もが知っている自明な「理」を「窮める」というとき、それはどうすることを意味しているのでしょうか。上に引いた朱熹の言葉の中に何度も登場する「絶対に」「本当に」という強調の語気に注目してください。朱熹が求めているのは、「絶対に」そうでなければならないということを「本当に」わかることなのです。子は親に孝行すべきだということが動かしようもなく絶対であることを、心の底から骨身に染みて実感的に知り、それゆえ思わず進んで孝行すること、これが朱熹のいう「格物窮理」なのです。つまり、「窮める」とは、未知の何かに向けて知的作業を推し進めてゆくことではなく、既知で自明のものに対する認識を実感的にとことん突きつめることということができます。

「格物」と表裏一体になっている「致知」についても、朱熹は次のように説明しています。

「知を致す」のは真に知ることを求めることだ。真に知るとは、骨身に染みるまですべてすっきりわかることだ。

（同、巻十五・2条）

「知を致す」の「致す」も、「窮める」と同様、「知」の対象の奥行きを深めることではなく、「知」の実感を深めることを意味しているのです。

ところで、朱熹は、「理」は誰でも知りうる自明のものだといいますが、そういわれると、少々抵抗を感じる人もいるかもしれません。この世界の物事は自明ではないことだらけだ、それらを一つひとつ「研究」「探究」していくのが学問であり、人類の知的営みなのではないか、こうした反論はもっともなことです。

「理」が自明である根拠を、朱熹は次のように語っています。

「格物」とは事物に即して当然の理を求めることにほかならない。たとえば臣下の（理である）忠は、臣下であればおのずと忠でなければならず、子の（理である）孝は、子であればおのずと孝でなければならない。ためしに子たる者が不孝の行いをして自分の心がどう感じるかをみてみればよい。火は熱く水は冷たいのは、火や水の性が自然にそうであるからだ。あらゆる物事について当然のところを求めるだけのこと、求めすぎてはいけない。求めすぎると怪しげなことになってしまう。（同、巻一二〇・43条）

子が親に孝行することが「理」であることの根拠として朱熹が持ち出すのは、「ためしに子たる者が不孝の行いをして自分の心がどう感じるかをみてみればよい」という人情の自然です。「理」は、水が冷たく火が熱いように、誰もが当たり前に知っているごく自然なことなのであり、それ以上の何か奥深いところに向かって追い求めるべきものではないのです。

もちろん今日の私たちであれば、水が冷たく火が熱いということの絶対性と、子は親に孝行すべきだということの絶対性とを同等に論じることはできません。しかし、朱熹はむしろ両者を同等に論じることで、親孝行すべきだということは、水が冷たく火が熱いというごく当たり前のことと同じように、自然で絶対で当たり前のことだということを示そうとしているのです。

つまり、人がごく自然に感知しうるこの世界のあるべき姿に対して、素直にそうであると実感して何の躊躇もなくその実現に向けて行動できること、これが朱熹にとっての「理を窮める」ということなのです。

4　「理」の陥穽《おとしあな》

上に引いた朱熹の発言の最後に、「求めすぎてはいけない。求めすぎると怪しげなことになってしまう」という言葉があります。これは何を意味しているのでしょうか。この言葉には、「理」に対する朱熹のある危惧が見て取れます。それは、すでに指摘した、人間における「理」の二面性の分裂、すなわちあるがままとあるべきとの分裂に由来するものです。

朱熹が危惧したのは、「理」が現実を遊離し、言葉で抽象的に語られるという事態でした。そのため、朱熹はみずからが「格物」を解釈するために持ち出した「窮理」という言葉よりも、もとの「格物」という言葉の重みに注目するよう求めています。

人はしばしば道理を何か宙に浮いたもののように見なしてしまう。『大学』が「窮理」といわず、「格物」とだけいっているのは、人に事物に即して理解させようとしたからで、そのように考えてこそ実体がわかるのだ。ここにいう実体とは、事物に即してでなければわからない。たとえば、舟を作って水の上で動かし、車を作って陸の上で動かすようなもので、ためしに舟を陸の上で動かしてみるがよい。たとえどれだけ多くの人が力を合わせても動かすことはできはしない。そのとき人は初めて舟は陸の上を動かすことができないということがわかるのだ。これが実体だ。（同、巻十五・31条）

（『大学』は）「窮理」とはいわず、「格物」といっている。つまり、理といえばとらえどころがなくなってしまい、物は時として（理と）離れてしまうのに対して、物といえば理はおのずとそこにあり、自然に（物と理が）離れることはないのだ。（同、巻十五・34条）

「求めすぎると怪しげなことになってしまう」とは、抽象的に「理」を語ることが往々にして現実の物事から遊離してしまい、その結果「理」はその根拠を失い恣意的に語られてしまうことを意味しています。とはいえ、求めすぎてしまうのが人間の理性の宿命なのかもしれません。私たちの理性は、しばしば分を超えてどこまでも世界を説き明かそうとしてしまいがちであるのかもしれませんし、そもそも分からないものを分かってほっとしたいというのは人間の素朴な衝動なのかもしれません。しかし、現実の物事から遊離し、言葉によって、それこそ理屈として語られる「理」は、ときに現実の複雑さを都合良く単純化するだけのものとなってしまうかもしれないのです。「理学」の祖の朱熹の「理」に対する危惧は、そうした人間の理性による世界の合理化に向けられたものであったのです。

5　「格物窮理」の特殊性

ここまで、朱子学の「格物窮理」の意味を読み解いてきましたが、これを私たちの常識的な学問・研究観と比較してみるとどうでしょうか。

朱子学の「格物窮理」を、誰もが直感的に知っている正しさを、動かしようのない現実の絶対性を体験することを通じてより実感的に思い知りそして実践すること、と極論すれば、やはりそれは私たちのイメージする学問や研究とはかなり異なるものであるといわざるを得ません。

しかし、「格物窮理」の特殊性はこれにとどまるものではありません。それはむしろ以下の二点において最も今日の学問や研究と異なるものです。一つはその目的、もう一つはその現場です。

そもそも「格物窮理」は何を目的とするものなのでしょうか。「格物窮理」の果てにもたらされるものはどういったことなのでしょうか。もう一度ここで「格物」という言葉の出典である『大学』の八条目を思い出してください。「格物」「致知」をその着手点とする朱子学の学問的見取図の果てに待っていたのは、「天下を平らかにする」ことでした。「天下を平らかにする」ため、すなわち世界平和の実現のための学問といえば、話があまりに大きくなりすぎて、それならばむしろ今日の学問をも含めて人類の知的営みはすべてすべからくそのためにあるべきだという考えもあるかもしれません。朱子学においても、「天下を平らかにする」という目標は皇帝や君主にこそ直接関係することで、万人に具体的に求められたわけではないのです。万人にとっては「格物窮理」はそれに直接続く「誠意」「正心」というような心の問題の解決のための具体策なのでした。

東洋思想史において、一般に朱子学は「理学」と呼ばれ、それを批判した陽明学が「心学」と呼ばれます。しかし、朱子学の最優先課題は、「心」の問題でした。この自分の心をいかに自由でなおかつ安定的な状態に保ちうるか、あるいはそういった心の持ち主であるようなすぐれた人格をいかに完成するか、そのための方法が「格物窮理」であったのです。個々人の心の安定のための学問・研究、みずからの人格向上のための学問・研究、これが朱子学の「格物窮理」なのです。

もう一つは、「格物窮理」を実際に行なう際に、最優先される現場です。あらゆる物事に「理」がある以上、「格物窮理」を行なう現場は、原則的にはあらゆる場面であるはずなのですが、朱子学は実際には「経書」を最優先すべき場所としています。

「経書」とは、中国儒教の経典です。「五経」と呼ばれる『易』『書』『詩』『礼記《らいき》』『春秋』の五つと、「四書」と呼ばれる『論語』『孟子』『大学』『中庸』の四つがありますが、この具体的かつ有限の書物群に人間にとって必要なことはすべて完璧に書かれているというのが朱子学をも含む儒教の大前提です。この経書を読むことが、朱子学が最優先する「格物窮理」の現場であったのです。いわば、現実の物事の個々の「理」のお手本はあらかじめ経書に書かれているということで、人はそれを身につけてこそ現実の物事の「理」を知りうるということなのです。

個人の心の安定と人格向上のために、絶対的な価値があらかじめ保証されている書物を読み、それが絶対であるということをとことん身を以て実感すること、朱子学の「格物窮理」をこのようにいってしまえば、それが今日の私たちの学問・研究とはまったく相容れないものであることは明らかです。とはいえ、この世界を「理」によって説明しようとした朱子学の「格物窮理」を媒介とすることなしに、私たちの先人が西洋の新しい学問を受けとめられなかったというのも事実です。そして、その先人たちの格闘の後を受けた今日の私たちが、学問・研究は何のために何を対象としてどうしようとしているのかと改めて問い直すとき、朱子学の「格物窮理」を完全に乗り越えた地平においてそれに明確に答えることもそう容易くはなさそうです。

朱子学の「格物窮理」をとことん批判しようとするとどうなるのか、その対極の姿として、次に本居宣長という先人の格闘をみてみましょう。

6　本居宣長の「漢意＝理」批判

江戸時代の本居宣長は、日本独自の歴史に立脚した日本人の心（大和心《やまとごころ》）を追求した国学者でした。日本は、他のどの国にも例を見ない平和で穏やかでおおらかな国であり、それは神代《かみよ》の時代から連綿と連なる万世一系によって実証されている、それなのに日本人は古代から中国の文物を有り難がってその悪しき影響を受けて「漢意《からごころ》」に汚染されてしまっている、日本人はこの「漢意」をはらい清めて「大和心」を取り戻さなければならない、これが宣長の主張です。

宣長が批判した「漢意」とは、中国崇拝や中国かぶれを指すものではありません。宣長にいわせれば、それはもっと根深く日本人に染みついてしまっている考え方の習慣です。それは、あまりに当たり前になってしまっているために、日本人はみずからが「漢意」に汚染されていることにすら気づかない始末、宣長は「漢意」批判の難しさを次のように語っています。宣長の言葉は日本語ですので、原文のまま引用してみます。やや分かりにくいところもあるかもしれませんが、日本語としての趣きも味わってみてください。

漢意《からごころ》とは、漢国のふりを好み、かの国をたふとぶのみをいふにあらず。大かた世の人の、万《よろづ》の事の善悪《よさあし》是非を論《あげつら》ひ、物の理をさだめいふたぐひ、すべてみな漢籍《からぶみ》の趣なるをいふなり。さるはからぶみをよみたる人のみ然るにはあらず。書といふ物一つも見たることなき者までも、同じことなり。そもからぶみをよまぬ人はさる心にはあるまじきわざなれども、何わざも漢国をよしとして、かれをまねぶ世のならひ、千年にもあまりぬれば、おのづからその意《こころ》、世中にゆきわたりて、人の心の底にそみつきて、つねの地となれる故に、我はからごゝろもたずと思ひ、これはから意にあらず、当然理也と思ふことも、なほ漢意をはなれがたきならひぞかし。

（『玉勝間』）

宣長は、日本人が「あらゆるものごとの善悪是非を論じ、物の理を決めつけて語る」ことがすでに「漢意」であり、たいていの人は「私は漢意などもっていない、これは（漢意などではなく）当たり前の道理だ」などと考えているのが正に抜き差しならない「漢意」なのだと語っています。ここにいう「漢意」とは、物事の善悪是非や道理を論じようとすることそのものを指し、日本人はそれが中国の悪しき影響だということも忘れて「当たり前の道理だ」などといって自己正当化しようとするのですが、その態度そのものが正しく「漢意」だと宣長はいうのです。そういわれると、今日の私たちもまだ「漢意」に染まったままなのかもしれませんが、では宣長はなぜ物事の道理を論じることを悪しきことというのでしょうか。

宣長は「理」があるということを否定しているのではありません。「理」はあるのかもしれませんが、人間の限られた知恵では、それがあるのかどうかも含めて「理」をはかり知ることはできないというのです。このように人間の知を限定的に捉えるのは、「神」に対する人間のあり方を前提としているからです。宣長にいわせれば、この世に起こる物事は善きも悪しきもすべて「神」の御心のまま、「神」の御仕業であって、人間の小賢しい知恵でその善悪是非を論ずるなど笑止千万ということなのです。

では、「神」様の気まぐれにふりまわされるしかない人間は、どう生きていけばよいのでしょうか。ただ頭を低くして現状を受け入れて生きていくしかないのでしょうか。日本の「神」の中には、とんでもなく意地悪で暴れん坊の「神」もいて、ときに人間を苦しめます。しかし、人間には「神」の意図や気持ちを推し量れない以上、私たちはそうした現実にふりまわされて喜んだり悲しんだり腹を立てたりしながら、黙々と生きていくしかありません。どんなにひどい時代があったとしても、大丈夫、日本の歴史全体を見れば、それでも皇統は途切れることなく続いています。これが「神」の国日本のすばらしさなのであり、日本人は安心して「神」の御心・御仕業に身を委ねて生きてゆけばよいのです。それなのに、王朝交代ばかりを繰り返している中国を有り難がってその悪しき影響を受け、あれこれ理屈や理由や理論を捜して、したり顔で語りたがる日本人が多いのは、なんとも嘆かわしいこと、これが宣長の考えなのでした。

日本人は太古素朴な「大和心」を見失い、「漢意」に汚染されてしまっているので、何かにつけ「理」を求め「理」を語ることをよいことだと思ってしまっていますが、宣長にいわせれば、そんな「漢意」を清く払いのけて大らかな「大和心」を取り戻すこと、これが日本人だけに与えられた可能性であり使命であると同時に、宣長自身にとっての学問・研究の意義であったのです。

では、どうすれば「漢意」を除き、「大和心」を取り戻すことができるのか、そこで宣長が求めたのが「もののあはれをしる」ということでした。

7 「もののあはれをしる」

宣長は、次のように「もののあはれをしる」ことを説明しています。

世の中にありとしある事のさまざまを、目に見るにつけ耳に聞くにつけ、身に触るるにつけて、その万《よろづ》の事を心に味へて、その万の事の心をわが心にわきまへ知る、これ、事の心を知るなり、物の心を知るなり、物の哀れを知るなり。その中にもなほくはしく分けていはば、わきまへ知るところは物の心、事の心を知るといふものなり。わきまへ知りて、その品《しな》にしたがひて感ずるところが、物の哀れなり。たとへばいみじくめでたき桜の盛りに咲きたるを見て、めでたき花と見るは、物の心を知るなり。めでたき花といふことをわきまへ知りて、さてさてめでたき花かなと思ふが、感ずるなり。これすなはち物の哀れなり。しかるにいかほどめでたき花を見てもめでたき花と思わぬは、物の心知らぬなり。さやうの人ぞ、ましてめでたき花かなと感ずることはなきなり。これ物の哀れを知らぬなり。

（『紫文要領』巻上）

「もののあはれをしる（物の哀れを知る）」ことを、宣長は二段階に分けて説明しています。まず最初は、「物の心や事の心をわきまへ知る」こと、すなわち世の中の様々な物事それぞれの趣きや味わいを弁えて知ることです。たとえば、桜の花の盛りは「めでたき（美しくすばらしい）」ものだということをきちんと知っているということです。その上で、実際に物事に出会ったときに、「その品にしたがひて感ずる」こと、すなわち物事それぞれに応じてしみじみと心を動かされ感じること、これが第二段階です。桜の盛りは美しいということを知っていて、その上で実際に桜の盛りを目にしたときに美しいと感動すること、これが宣長の求めた「もののあはれをしる」ということなのです。

宣長のいう「もののあはれをしる」とは、単に物事に触れて自然に動く人間の感情を大切にしろということではありません。何の先入観もなしに、ただ目の前の物事に、世界に初めて触れる子どものように素直に感じ入れといっているのではありません。その前にあらかじめ物事それぞれの「心をわきまへ知る」ことが求められているのです。桜の盛りは美しいものだということを知っていて、その上で実際の桜の盛りを見て美しいと感じる、どうしてこんな面倒なことを宣長はいうのでしょうか。

宣長がいっているのは、様々な物事にはそれぞれその物事に対する心の動き方のパターンがあり、それを知っていてそのパターンに沿って実際の物事に対して心が動くことです。このパターンとは、物事それぞれの本質や、それに対応した人間に普遍的な感情の動き方といった、それこそ物事それぞれの「理」や、人の心の動き方の「理」ではありません。そうではなくて、それは日本人がこの土地の上で育んできた感じ方のパターンを意味しています。日本人は昔から桜の美しさに心を動かしてきたということを知っていて、それをいま自分が再演することによって、日本人の感情生活の歴史を生きるということなのです。たしかに、何の文化的背景や予備知識もなく生まれて初めて桜を見た人の感じ方は、昔から桜を愛で、いまだに毎年桜の開花に注目している日本人の感じ方と同じではないのかもしれません。宣長は、「漢意」に染まる以前の日本人の素朴な感情生活を取り戻すために、過去の日本人のものの感じ方のパターンを知って、それをいま生きている日本人としての自分が繰り返し再現することを求めているのです。

では、すでに「漢意」に汚染されてしまった日本人は、どうやって本来の日本人の感情のパターンを知ることができるのでしょうか。宣長は、それを古代より伝わる日本の古典に求めました。特に、漢字という抜き差しならない「漢意」の表現形式を免れ仮名文字で書かれた古典こそが、そのお手本となるのでした。和歌や『源氏物語』を読むことを通して、忘れ去られた日本人の心の動き方のパターンを知り、それを身につけた上で様々な物事に応じて感情豊かに生きること、これが宣長のいう「もののあはれをしる」ということなのです。

おわりに

朱子学の「物の理を窮める」は、人間がこの世界の様々な物事を説明できることを示すものでした。一方、本居宣長の「もののあはれをしる」は、人間の限界を語り、日本人だけに可能な生き方を提示するものでした。宣長が嘆いたように、朱子学の「物の理を窮める」という考え方には、かつての日本人を、もしかしたら現代の私たちをも、ごく当たり前のことのように感じさせる普遍性があります。しかし、朱子学の「物の理を窮める」は、何よりも「経書」という特殊な古典を前提とするものでした。日本というたぐいまれな国の特殊性に居直り、普遍を求めなかった宣長の「もののあはれをしる」は、人間感情の自然を普遍的に捉えようとするというよりはむしろ、日本人独特の感情のパターンを仮名で書かれた古典に求めるものでした。

「物の理を窮める」と「もののあはれをしる」、この対極にあるといってもよい二つの考え方がいずれも古典をそのよりどころにしているということは興味深いことです。

翻って、今日の私たちの学問・研究には、そうした絶対の古典はありません。何かを絶対のものとして信じて疑わないということを、現代に生きる私たちはやすやすと前提にすることができないのです。古典を持たず、信じることの許されない私たちの学問・研究は、いわば足場を作っては壊し作っては壊しを繰り返す工事のようなもの、かなりの体力と気力が求められる苦しい道のりであることは想像に難くありません。それでも、この苦しい道のりを、悲壮感の漂う深刻ぶった顔付きではなく、どこか嬉々とした面持ちで歩き出したいものです。ふと横を見ると、苦しそうな、それでいてどこか生き生きとした表情で歩いている人がいて、思わず微笑みたくなるような、そして思わず自分も頑張ろうという気持ちになれるような、新たにスタートする明治大学文学部哲学専攻がそのような場所であることを心から願っています。

第3章【読書案内】

本稿を読んで、「朱子学」というもののイメージがちょっと変わったと言ってくれる人がいれば幸いです。朱子学と聞けば、「身分制を支えた封建道徳」とか、「忠孝を軸とした国民道徳」とかいう言葉を思い浮かべる人が多いのではないかと思うのですが、朱子学はけっしてそうした過去の遺物に止まるものではありません。むしろ、朱子学を過去の遺物として葬り去ったと思うことほど、朱子学を蘇らせていることはないのかもしれません。私たちは、その葬り方においてまさしく朱子学を再演しているかもしれないのです。本稿でも述べたとおり、朱子学の魅力と魔力は、宣長も生涯それと闘い続けたように、なかなか手強いものなのです。

朱子学のイメージをいま一歩新たにしてもらうために、まずは手前味噌ながら拙著を紹介します。

垣内景子『朱子学入門』（ミネルヴァ書房、二〇一五年）

本書は、朱子学の祖である朱熹の言葉に魅力を感じ朱子学研究を始めた私が、私なりの朱子学像をできるだけ平易な言葉で描き出したものです。本書を通して、本稿では十分に説明できなかった朱子学の考え方をもう一歩詳しく理解してもらうと同時に、朱子学の面白さと恐ろしさを感じ取ってもらえればと思います。

いま「朱熹の言葉に魅力を感じ朱子学研究を始めた」と書きましたが、過去の思想を研究するには、その思想家の言葉を自分自身の言葉に置き換えて理解することから始めなければなりません。それぞれの研究者がそれぞれの言葉に置き換えながらその思想を研究することを通じて、過去の思想が新しい可能性を開いていくのです。これがいわゆる原典講読という哲学研究に欠かせない作業の意味です。

朱子学に興味を感じたならば、本来はまず朱熹の言葉に直に触れてみてほしいところなのですが、とはいえ、時代も国も隔てた朱熹の言葉にいきなりぶつかっていってもあえなく跳ね返されてしまうほかありません。そこでまずとっかかりとして次の翻訳（訳注）書を紹介します。

三浦國雄『「朱子語類」抄』（朝日新聞社、一九七六年／講談社学術文庫、二〇〇八年）

本書は、朱熹の語録である『朱子語類』の抄訳です。『朱子語類』は全一四〇巻という膨大なものなのですが、本書はその中からエッセンスを集めたダイジェスト版で、朱熹の生の声に近い発言を現代日本語に翻訳したものです。本書はまた、朱子学という、個人の名を冠した思想体系が、紛れもなく朱熹という人物の生き様であったことを思い知らせてくれるものでもあります。

本稿の後半で触れた本居宣長に興味をもった人には、次の本を紹介しておきます。

小林秀雄『本居宣長（上）（下）』（新潮社、一九七七年／新潮文庫、一九九二年）

あらかじめ断っておけば、本書は宣長に関する本として非常に有名なものですが、いわゆる宣長の研究書でも概説書でもありません。むしろ、従来の学問や研究では捉えきれない宣長の思想を、宣長の言葉に寄り添いつつ、それを味わいながらなんとか描き出そうとした小林秀雄の悪戦苦闘の軌跡です。悪戦苦闘ですから、けっしてすっきりわかりやすいものではありませんし、本書に多く引用された宣長の言葉は原文だけなので、古文に慣れていない読者にはたいそう読みにくいものかもしれません。それでも本書を紹介するのは、本稿でもテーマにした学問・研究という営みへの批判的反省が、宣長の学問・研究に対する小林秀雄のまなざしのうちに読み取れるからです。今すぐ読めなくても、明治大学文学部ともゆかりのある小林秀雄の名前とともに本書を記憶しておいて下さい。

第4章

科学をつくる——ルネ・デカルトと機械としての自然

……坂本邦暢

はじめに

あなたが、石を手に握っているとしましょう。離すとどうなるでしょうか。いうまでもなく石は落ちます。では、なぜ落ちたのでしょうか。どのように落ちたのでしょうか。落下を説明してください。

こんな問題が出されたとき、次の二つの答えが与えられたとします。

石にとって、地球の中心が目指すべき目的地だ。だから、そこを目指して落ちた。

石には、力が働きかけている。この力は、石を地球の中心に向けて押している。だから、石は落ちた。

どちらが説明として正しいでしょうか。考えてみてください。いや、考えるまでもないでしょう。そうです、私たちは二番目の説明を正しいと感じます。

さらに二番目の説明を、次のように書き直すとどうでしょうか。

石には、力が働きかけている。この力は、石を地球の中心に向けて押している。だから、石は落ちた。このとき、落ちる距離は、落下時間の二乗に比例する。

こう書かれると、より説明がちゃんとしたものになったと感じないでしょうか。いっそう科学的な説明になったと思わないでしょうか。

三つの答えのうち、一番目はダメで、二番目はよく、三番目はなおよい。こう私たちは評価しています。しかもほとんど反射的に評価しています。このとき私たちが暗黙のうちに使っている評価の基準は、次の三点にまとめられそうです。

(一) 石に心を認めるような説明をしてはならない(だから、最初の説明には説得力がない)。

(二) むしろ、力の働きかけの結果として、石が動かされると説明しなければならない。

(三) しかも、その動きが数学的に書きあらわせると、いっそう説明として科学的になる。

このような基準を使って、自然現象の説明を評価するというのは、私たちにとって当たり前になっています。当たり前すぎて、立ちどまって考えてみないと、自分がどんな基準を使っているかわからないほどです。

しかし、いまの当たり前は、昔の当たり前ではありませんでした。じつは最近になるまでは、石に心を認めるかのような説明こそが、説得力のある説明だと考えられていたのです。そのような説明は、古代の哲学者アリストテレス（前三八四―三二二）に由来します。これが一六〇〇年代まで自然についての正当な説明だとヨーロッパでは考えられていました。（一）のような基準は、存在しなかったのです。

この考え方をくつがえして、（二）と（三）のような基準が提案されるようになったのは、一六〇〇年代のことでした（ですから、右で書いた「最近になるまで」というのは、「四〇〇年くらい前まで」という意味です。哲学の歴史は長いので、数百年前はけっこう最近なのです）。提案をはじめたのは、ガリレオ（一五六四―一六四二）やデカルト（一五九六―一六五〇）といった人たちでした［**図1**、**2**］。

しかし、提案を人々に受けいれてもらうのは、簡単ではありませんでした。ガリレオやデカルトの考え方は、その時代の「当たり前」に反しており、いってみれば非常識なアイデアだったからです。説得の難しさは、私たち現代人に、石が心をもって地球の中心を目指すのだと納得させるくらいのものだったといえるでしょう。

この説得を、ガリレオやデカルトはどのようにやってのけたのでしょうか。彼らの成功があったからこそ、いまの私たちの当たり前があるのです。ですから、彼らの挑戦を見ることは、私たちの常識がつくりだされた現場に立ち返ってみることを意味します。そうすることで、もはや私たちが疑問に思いもしないところに、いくつもの難問がひそんでいることがわかってくるでしょう。

ここからはデカルトの方に焦点をしぼって、彼がいかに科学を、ひいては私たちの当たり前をつくっていったかを見ていきましょう。

1 人間か、機械か

まずは、デカルトの標的から話をはじめましょう。アリストテレスの考え方です。これはただのナンセンスだと思われるかもしれません。なにしろ、どう見ても石は生きていないのですから。しかし踏みとどまってください。なんといっても、非常に長いあいだ受けいれられていた考え方

［**図1**］ガリレオ・ガリレイの肖像画。ウェルカム図書館所蔵（no. 45628i）。Wellcome Imagesより。

［**図2**］ルネ・デカルトの肖像画。Wellcome Imagesより。

なのです。なにか長所があるはずです。

石はなぜ下に向かって動くのでしょうか。石に聞いても答えてくれません。では、聞いたら答えてくれるのは誰でしょう。私たち人間です。たとえば、あなたが手をのばしてペンを取ったとしましょう。ある人が聞きます。「なぜそのように動いたのですか」。あなたが答えます。「ペンを取るためです」。このやりとりからわかるように、人間が動くのは、なにか目的を達成するためです。だとすれば、石が動くのも、なにか目的を達成するためではないでしょうか。もし石が話せたら、こんなやりとりが成りたつのではないでしょうか。「なぜ下の方に向かって動いたのですか」――「地球の中心に到達するためです」。

アリストテレスの説明のポイントは、あたかも私たちのように、石が動くと考える点にありました。人間が動く理由という理解可能なものを手がかりにして、石が動く理由という簡単にはわからないことを理解しようというのです。いい方をかえるなら、人間をモデルにすることで、石の動きが理解できるようになるのです。このようにモデルを使ってなにかを理解しようとするのは、人間の基本的な理解のやり方です。

ここから、アリストテレスの考えをどう否定したらいいかも見えてきます。モデルを使った理解が成りたたないというためには、石と人間の違いの大きさを指摘すればいいのです。二つは違いすぎるのだから、人間をモデルにして石を理解するのはおかしいと攻撃するわけです。実際、このような批判をデカルトは行っています。

アリストテレスの説明がうまくいかないなら、どう説明すればいいのでしょう。代わりの説明は、少なくともアリストテレスのものと同じ程度の説得力をもたなければなりませんでした。そこで、デカルトもまたモデルを使った説明を行います。人間に代わるモデルはなんだったのでしょうか。

それは、機械でした。人間がつくる機械です。デカルトが生きた時代の代表的な機械は、時計でした。私たちがもっているような腕時計ではなくて、教会に設置される巨大な時計です［**図3**］。時計の内部では、歯車が組み合わされています。一つの歯車が動くと、別の歯車にその動きが伝わります。そうして運動が次々と隣り合う歯車に伝えられていき、最終的に時計の針を回転させます。ちょうどこれと同じように、石の落下も理解できるとデカルトは考えるのです。なにかが石に運動を伝えた結果として、石は下に落ちるとするわけです。

［**図3**］ストラスブール大聖堂の天文時計。ウェルカム図書館所蔵（no. 46250i）。最初の時計は1574年に制作された。図は、19世紀に再建されたもの。Wellcome Imagesより。

ここで、時計が動く仕組みと、石が動く仕組みが、似ているどころか同じだとされている点が重要です。落ちる石はあたかも機械のように動くのではなく、それ自身が一つの機械なのです。こうして、自然は巨大な機械だという

［**図4**］反射の説明図。デカルトの『人間論』に収録。Wellcome Imagesより。

デカルトの重要な考え方が姿をあらわします。

自然が機械だということは、石の動きだけでなく、生物の動きすら、機械の運動として理解できるということです。［**図4**］は、それをよくしめしています。これは、デカルトが著作に載せた挿絵です。Aの炎が足のBの部分に近づくと、足から脳へと伸びている糸C（神経）が引っ張られて、最終的に足を反射的に離す運動が起きることを説明しています。身体は、炎が伝える運動に反応して動く機械として理解されています。

要するに、石から生物の身体にいたるまで、世界にあるすべての物体を、心をもたない機械とみなすべきだというのが、デカルトの意見でした。機械であるからには、そこで起きる動きのすべては、数学で書きあらわせる自然法則で記述できるはずです。

2　ルールは絞りこめるか

しかし、世界で起きる出来事は、本当に自然法則にしたがって生じているのでしょうか。そんなことは、当たり前と思うかもしれません。たとえば、落下する石について、これまでのどんな観察結果も「落ちる距離は落下時間の二乗に比例する」という法則で説明できるのだから、この法則にしたがって石が落下しているのは間違いないといいたくなるかもしれません。ところが、この「間違いない」をいうのがむずかしいのです。そのことを、デカルトはよくわかっていました。そして、それをいうためには神の存在を証明するしかないと考えたのです。

「え、神なの」と驚いたかもしれません。どうして神が、自然の話をしている最中にあらわれるのでしょうか。もしあなたがキリスト者でなければ、こんな風に思うかもしれません。突然こんなところで神をもちだすのは、デカルトがキリスト教徒だからで、その話は信仰をもたない自分には関係ないのだ、と。なるほど、デカルトがキリスト教の神にたいする真摯な信仰をもっていたことを、私たちは軽視すべきではありません。しかし、神を信仰することと、その神の存在を理詰めで証明しようと試みることは、すこし違ったことでしょう。そして、理詰めで証明しようとした動機であれば、キリスト者でなくとも、十分に理解できるかもしれません。

神をもちだしたデカルトの動機を理解するためには、すこし回り道をしなければなりません。次のような状況を考えてみてください。あなたは将棋のルールをまったく知りません。知らない人はそのままでかまいません。知っている人はなんとか忘れるよう努力してください。さて、いまあなたの眼の前で、AさんとBさんが将棋を指しているとしましょう。ここで問題です。

あなたは、AさんとBさんが将棋を指すのを見ることによって、将棋のルールを知ることができるでしょうか。

どうでしょう。将棋のルールはかなり複雑なので、そんなに簡単にはいかなさそうです。しかし、あなたはとても我慢強いとしましょう。何局でも何局でも見続けます。AさんもBさんも黙々と指し続けます。

そうすると、だんだんルールがわかってくるのではないでしょうか。たとえば、「歩」と書かれた駒は、一回につき一マス前に進めるようです。しかも、どんどん進んでいって敵陣に到達すると、ひっくり返すことができます。そうして「と」と書かれた面が上にくると、これまでとは違って横や後ろ方向にも動けるようになります。

切りがないので、例は「歩」だけにしておきましょう。とにかく、何度も対局を見ると、ルールが少しずつわかってきます。そうして最後には、見てきた対局での駒の動きをすべて説明できるようなルールを把握できるでしょう。こうして、あなたは将棋のルールを知りました。めでたし、めでたし。

——ほんとうにそうでしょうか。ここは考えどころです。すこし立ちどまって、いま把握したルールが、間違いなく将棋のルールだと断言できるかどうか、考えてみてください。

よく考えると、最初に把握したのとは別のルールで、コマの動きを説明できるとも思えてこないでしょうか。たとえば、次のようなルールはどうでしょうか。「歩」と書かれた駒は、晴れの日は一マス前に進むのだけど（あなたが観察していたのは、とても天気のいい日だったのです）、曇りや雨の日は二マス前に進むことができます。しかし、多く進めるようになった反面、敵陣に入っていったときに裏返って強くなる機能は失っているのです。

どうでしょう。こう反論したくなりますね。そんなルールは不自然だと。はい、私もそう思います。しかし、そんなルールはありえないと断言できるのかとせまられたら、「あるかもしれません」と答えてしまいそうです。なにしろ、そのルールでもって、これまでの歩の動きはすべて説明できるからです。同じような別のルールを、他のすべてのコマの動きについて考えだせるでしょう。

あまりうれしくない結論が見えてきました。どうも、将棋の対局の様子を観察するだけでは、将棋のルールを一つに絞りこめないようなのです。

そろそろ、将棋の話と自然法則の話のつながりが見えてきたのではないでしょうか。そう、ルールを一つに絞りこめないということは、自然の観察についても成りたつのです。石の動きを観察するだけでは、その動きが本当のところどのような法則（ルール）にしたがっているかを、絞りこむことができません。なるほど、「落ちる距離は、落下時間の二乗に比例する」という（ガリレオが見つけた）法則で、これまでの動きはすべて説明できるかもしれません。しかし、これからも説明できる保証はありません。ちょうど、晴れの日が続く保証がなく、そのため「歩は一マス進める」というルールが成りたたなくなる可能性があるように。

困りました。ルールを絞りこむ手段はないのでしょうか。いえ、あります。すくなくとも、将棋の場合には簡単なやり方があると、あなたはいいたくてうずうずしているのではないでしょうか。そのやり方とはもちろん、AさんとBさんに聞くことです。

あなた「この歩という駒は一回に一マス進めるのかな」
Aさん、Bさん「そうだよ」
あなた「この駒の動きは天気に左右されるのかな」
Aさん、Bさん「そんなことはないよ」

こうして確認を続けていけば、ルールを一つに絞りこめるでしょう。

では、おなじような絞りこみを、自然法則についてできるでしょうか。誰に聞けばいいでしょうか。石から手を離している人でしょうか。いや、これはうまくいきません。たしかに石が落下するのは手を離したからですけど、石が落下するときにしたがう法則を、その人が決めたわけではありません。どうも、この世界のなかの誰に聞いても意味はなさそうです。世界にあるものはすべて、自然法則にしたがって動いているものばかりだからです。それらはみな、いうなれば将棋の駒なのです。プレイヤーではありません。聞くべき先は、世界という盤上の外にいて、すべての駒の動きを定めている存在でなければなりません。

世界の外にいて、世界がしたがうべき法則を定めた存在——これを、私たちは神と呼ぶのではないでしょうか。この存在に問いただせば、自然法則を絞りこむことができるのです。

私たち「石の落ちる距離は、落下時間の二乗に比例するのかな」

神「そうだよ」

私たち「この法則は明日成りたたなくなるのかな」

神「そんなことはないよ」

自然法則を突きとめるために、神をもちださなければならないとデカルトが考えた理由がわかってきました。神だけが、自然法則の候補を一つに絞りこませてくれるのです。

とはいえ、右のような対話を神と直接的に行うわけにはいきません。なにしろ、神は世界のうちにいないのですから。ですから、デカルトの問いかけは、間接的なものになります。それこそが、神の存在証明でした。

3　自然法則と神

デカルトの目標は、一見すると無茶なものに見えます。世界のうちにないものの存在の証明を、世界の外に出られない人間ができるのでしょうか。デカルトの戦略を見ていきましょう。

まずデカルトは、私たちの心をよく観察するようにうながします。そこにはいろいろなイメージがあるでしょう。たとえば「犬」のイメージがあります。これはどこから来たのでしょうか。世界にいる犬からでしょう。ということは、このイメージがあることを説明するには、世界のうちにいる犬を考えれば十分です。世界の外について考える必要はありません。ということは、犬のイメージがあるからといって、世界の外になにかがあるとはいえないということです。だったら、「ペガサス」のイメージはどうでしょうか。ペガサスは世界にはいません。だとすると、そのイメージは世界の外から来たのでしょうか。いえ、そうではありません。ペガサスのイメージは、馬と鳥のイメージから私たちが合成したものだからです。このとき馬と鳥のイメージは世界から来ているので、究極的にはペガサスのイメージも世界のうちから来ていることになります。このように、心にあるたいていのイメージは、世界のうちから来たか、世界のうちから来たイメージを加工して私たちがつくりだしたものです。世界の外については、なにも教えてくれません。

では、「無限」はどうでしょうか。私たちは、なにかが無限に続くとか、無限に繰り返されるということを、理解することができます。このような無限の理解は、世界のうちから来ているでしょうか。まず、無限の長さをもつとか、無限の大きさをもつとかいったものは、現実の世界にはありません。世界のうちにあるものは、どれも有限です。ですから、無限の理解を世界のうちから直接にとってくることはできません。それでは、なにか有限なもののイメージを加工して、無限のイメージをつくりだせるでしょうか。これも無理だとデカルトはいいます。私たちという有限な存在が、無限の理解をつくりだすことはできないのです。

にもかかわらず、私たちは無限を理解しています。この理解はどこから来たのでしょう。私たちがつくりだしていないのだから、私たちの内部からではありません。外部からでしょうか。いや、無限は世界のうちにはないのでした。ということは、私たちの内部でも、世界の内部でもないところから、無限の理解は来ていることになります。こうして、無限の出どころとして、世界の外部が必要になってきます。この出どころは有限ではなく、無限でなければなりません。なぜなら、有限なものは無限の理解をつくりだせないのですから。

こうしてデカルトは、ある存在が必要だという結論に達します。世界の外部にあって、無限という性質をもつ存在です。このような存在を、デカルトは神と呼びます。この神は、信仰によってではなく、私たちのうちに無限についての理解があるという事実から、理屈によって導きだされたものです。

いま、無限の神が世界の外部にいるということがわかりました。しかし、だからなんだというのでしょう。そんな神がいたら、自然法則の候補を一つに絞りこめるとでもいうのでしょうか。

絞りこめる、というのがデカルトの考えでした。まず、無限な存在とは、どんな存在かを考えてみましょう。無限の反対は有限です。有限というのは、限界があるということです。限界の向こう側には、なにか別のものがあるでしょう。ということは、有限な存在には、なにか欠けたところがあるということです。この意味で、有限な存在は不完全だといえます。これにたいして、無限には限界がありません。ですから、限界の向こう側になにか別のものがあるということもありません。ということは、無限な存在にはなにも欠けたところがないのです。よって、無限な存在は完全な存在でもあるということになります。

神は無限なだけでなく、完全でもあるということまでわかってきました。あとすこしでゴールです。ここでもう一度、なにが問題になっていたかを、おさえておきましょう。問題は、観察によって自然法則の候補を一つに絞りこめないということでした。すべての観察結果を説明するような自然法則を見つけたら、まさにその法則にしたがって事物は動いているといいたくなります。しかし、それでもなお、観察結果をすべて説明する別の法則を想定することが可能なのでした。もちろん、この想定はかなり不自然なものになるでしょう。ちょうど、「歩は雨の日には二マス進める」というようなルールのように。しかし、とにかく想定はできるのです。「想定はできる」という点に、デカルトは狙いを定めます。そのような想定と、神の完全性は両立しないというのです。どういうことでしょうか。

この想定が成りたつ場合を考えてみましょう。まず、神は世界と人間をつくりました。世界のなかの事物がある仕方で動くようにし、人間には一定の理解力を与えました。この理解力をもとに、人間は自然法則をあきらかにしようとします。そうして、納得のいく法則を見つけたと確信します。しかし、じつはその法則は、神が実際に世界に与えた法則ではないのです。このとき、世界の動きに、人間がまどわされていることになります。そして、まさにそのような状態が生じるように、世界の動き方と人間の理解力をつくったのが、神でした。だとすると、究極的には神は人間をまどわし、あざむいていることになります。

あざむくことは、神にふさわしい振る舞いでしょうか。そうではない、とデカルトは答えます。なぜなら、あざむきとは不完全な存在が行うことだからです。神が完全である以上は、けっしてあざむかない。神は誠実なのです。

誠実な神が、世界と人間をつくりました。そのとき、人間が確信をもって見つけた法則が、実際の自然法則とくいちがうということは、起こりません。だとすれば、そのような法則で、自然が動いていると考えていいのです。不自然な法則に頭を悩ませる必要はありません。明日、自然法則が変化するように、神が世界をつくったと考えなくてもいいのです。ちょうど、将棋のルールが、天候に左右されるような不自然なものであるはずがないように。

こうして、神の誠実さを根拠に、自然法則の候補は一つに絞りこまれました。逆に、このような神がいなければ、私たちは自然法則の候補をけっして一つには絞りこめないと、デカルトは考えたわけです。

4　神なき戦略

デカルトの証明に説得力を感じたでしょうか。いいたいことはわからないでもない。けれど、なにか無理があるのではないか。これが、私が最初に読んだときの感想でした。一番違和感をおぼえたのは、やはり神をもちだす議論の進め方です。神はあくまで信仰の対象であって、自然についての学問的な議論で使ってはいけないのではないかと思ったのです。

しかし、さすがはデカルトでした。そんな私の疑問をあたかも予見していたかのように、別立ての議論を用意していたのです。最後にその点を見ておきましょう。

デカルトの主張のポイントは、たとえ神を使った主張が受けいれられなくても、世界を機械とみなす自分の主張の正しさは揺るがないというものです。いま、数多くの観察を説明できるような自然法則が見つかったとしましょう。ところが、その法則にしたがって事物が動いていないとしたらどうでしょうか。そうすると、その法則はたまたま多くの物体の動きを説明できているることになってしまいます。なるほど、このような偶然が起きる可能性は、ゼロではないでしょう。しかしその可能性は、現実的には無視できるほど小さいのではないでしょうか。

この点をデカルトは暗号の例を使って説明しています。アルファベットで書かれた暗号があるとしましょう。その文にあるAをBとして読み、BをCとして読むというように、アルファベットを一つずつずらして読んでみます。すると、意味のある文章が浮かびあがったとしましょう。

そのとき、暗号の本当の意味が別にあるということがありうるでしょうか。なるほど、間違った解読法で一つか二つの単語が読めてしまうということは、ありえるかもしれません。しかし、長い文の意味が通ってしまう可能性は、きわめて低そうです。そのため、意味の通る文章が現れたとき、私たちは暗号が正しく解読されたとみなすわけです。別の解読法がある可能性が、完全には排除できないにもかかわらずです。

それでも、わずかに残る間違いの可能性にこだわる人がいるかもしれません。そのような人向けの議論も、デカルトは用意しています。そこで彼は、自分が考えるのとは違う法則にしたがって、事物が動いている可能性を認めてしまいます。なるほど、デカルトは間違っているかもしれません。それでも、彼の法則が数多くの観察結果を説明できていることは、事実として残ります。ですから、その法則にしたがって、事物の動きを予想したり、制御したりできるでしょう。もしそれができるなら、怪我や病気を治す医療や、生活で用いる機械をつくるには、十分役立つのではないでしょうか。それが達成できるなら、自分のやるべきことはやったことになると、デカルトはいいます。

ここでデカルトは、科学の目標に変更を加えています。自然法則の候補を絞りこめないことが問題になるのは、科学の使命は世界の真のあり方の解明にあると考えているからです。しかし、もし科学の使命が、人間の生活に役に立つ成果をあげることであったらどうでしょうか。そのときには、観察結果を説明できるような法則を考えだせれば、目標を達成できることになります。

自然法則を絞りこめないことに頭を悩ませる必要は、もはやなくなるのです。

おわりに

手から離れた石は、数学で書きあらわせる自然法則にしたがって落下する。——たったこれだけのことを主張するために、じつに込みいった議論をデカルトがつくりあげていたのが、わかったと思います。

実際、デカルトの議論は計算されつくしたものでした。人々の理解をうながすために、機械というモデルを用意し、世界は巨大な機械だと主張します。機械であるからには、数学的な法則にしたがって動くはずです。続いて、そのような法則を人間が知ることができるというために、誠実な神の存在を証明してみせます。しかもさらに念入りに、証明が万が一うまくいかなくても、自分の考えがなお有効であると主張できる予防策まで用意していました。

デカルトの議論を、どう評価するべきでしょうか。デカルトの主張にたいしては、多くの批判が寄せられてきました。最後の節で紹介した議論からもわかる通り、デカルトは自分が自然についての観察結果を説明できているということに、絶対の自信をもっていました。しかし、ほんとうにできていたかは疑わしいものでした。たとえば、数学によって自然を記述すべきだと主張していながら、ほとんどの観察結果にそのような記述を与えることができていませんでした。その代わりに与えている説明も、生物の身体を強引に特定の機械にたとえてみせるものが多く、強い説得力はもちませんでした。

しかし大切なことは、それでもなお、彼が目指した方向に、自然を理解する試みは進んでいったということです。そのことは、私たちが石の落下の説明としてふさわしいと感じるものが、デカルトの考えたものと重なっていることからもうかがえます。なるほど、デカルトの主張は完璧ではなかったかもしれません。しかし、そのスローガンは人々を動かしたのです。そうして彼は、科学をつくることに成功したのでした。

科学をつくろうとするデカルトの挑戦は、私たちの当たり前に、じつは難問がひそんでいることに気づかせてもくれます。デカルトは、自然法則を間違いなく知ったといえるためには、神がいなければならないと考えました。では、神なしでは、自然に関する私たちの知識は不確実なものになってしまうのでしょうか。それとも、神を使わずに、自然法則を絞りこむやり方があるのでしょうか。このやり方を、デカルトに続く哲学者たちは求めることになります。

同時にデカルトは、そのようなやり方がたとえなくても、科学への信頼を確保する方法を提案していました。その二つの提案は、どれくらい説得力をもっているでしょうか。たとえば、法則がたまたま多くの観察結果を説明してしまう可能性は、ほんとうに無視できるほど小さいのでしょうか。多くの観察結果を説明できたために、一時期は正しい法則だと思われていたものの、後になってやはり正しくないとわかったような法則が、科学の歴史のなかにはあるのではないでしょうか。

だとすると、二番目の提案を受け入れるべきでしょうか。しかし、知識の確実さに不安が残るからといって、知識を得ること自体をあきらめてしまうのは、極端に走りすぎではないでしょうか。それに、この提案がかかげる科学の目的は、科学に携わっている人々の実感とかけ離れすぎていないでしょうか。

ここまで挙げてきたのは、デカルトの哲学が提起した多くの問題のうちの、ほんの一部です。多くの問題をデカルトが提起できたのは、彼が一つの「当たり前」をつくりだす現場に立ち会っていたからでした。哲学の歴史は、そのような現場で発せられた声に満ちています。その声に耳をすませば、私たちがもはや疑問に思いもしないことの背後に、多くの問題が隠れていることがわかってくるでしょう。そうして、私たち自身のあり方をより深く理解していくこと、これがまさに哲学を学ぶということなのだと思います。そのような学びの場で、みなさんをお待ちしています。

第4章【読書案内】

「少し生まれるのがはやすぎたかな」。最近、哲学についてのすぐれた入門書が出るたびに思います。ちょうど私が大学を卒業するころから、次々と出版されるようになりました。学生のころにあれば、哲学を学ぶのがもっと楽しかっただろうなと思わせてくれるものばかりです。もしかすると、哲学が日本に入ってきてから百数十年がたって、ようやくその内容を理解しやすい日本語に移しかえることができるようになってきたのかもしれません。

だとすると、今は（年齢を問わず）これから哲学に触れてみようと思う人にとっては、とてもいい時代だということになります。書店に行って、文庫や新書の入門書を手にとってみましょう。きっとあなたの目を開かせてくれる考え方に出会えるはずです。ここではそんなすばらしい書物のほんの一部を紹介します。

小林道夫『デカルト入門』（ちくま新書、二〇〇六年）

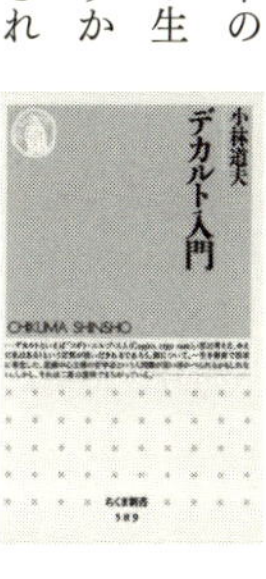

すぐれた入門書のお手本のような本です。デカルトの生涯と、哲学の全体像がわずか二〇〇ページほどに凝縮されています。それでいて文章はわかりやすく、読んでいてつまずくところがありません。しかも内容の水準は落としていません。読むたびに発見があります。ぜひ手元において、折に触れてひもといてください。ただ、堅実な書き方ぶりで派手さがないため、読んで胸が高鳴るような本ではないかもしれません。読書自体の面白さを求める場合は、津崎良典『デカルトの憂鬱――マイナスの感情を確実に乗り越える方法』（扶桑社、二〇一八年）をめくってみましょう。楽しみながら、デカルトについて確かな理解を得ることができます。

戸田山和久『科学哲学の冒険――サイエンスの目的と方法をさぐる』（ＮＨＫブックス、二〇〇五年）

デカルトの哲学の一部は、現在では科学哲学と呼ばれる分野にあたります（私がとりあげたのも、その部分でした）。ひらたくいうと、「科学」ってどんな活動なのだろうかと問う分野です。たとえば、どうして科学は信頼できる知識を生みだし続けられるのでしょう。なにがそんなことを可能にしているのでしょうか。こういう問いにどう取りくんでいったらいいかを、二人の大学生と先生の対話のかたちで解説した傑作です。やはり読みやすく、それでいて何度でも味わえるように周到に書かれています。

デカルト『省察・情念論』（井上庄七、森啓、野田又夫訳、中公クラシックス、二〇〇二年）

最後に入門書ではなく、デカルトその人の著作を挙げておきます。じつはデカルトは、理解しやすい言葉で哲学を語ろうとし、しかも成功した数少ない哲学者でした。彼の『方法序説』や『省察』は、特殊な用語を使わず、予備知識のない読者にもわかるよう書かれています。しかもそれでいて、自然を理解するとはどういうことかについて、独創的な考察がなされているのです。おなじく独創的であっても、たとえばスピノザの『エチカ』やライプニッツの『モナドロジー』は、準備なしに読んでわかるようなものではありません。この意味でデカルトは、自分の考えを表明しようとするすべての人にとってのモデルを提供してくれているといえます。

第5章

虹の文法

――スピノザの語学入門書から

……合田正人

——哲学するためにはまずスピノザ主義者でなければならない。
（ヘーゲル）

——どんな難題もマルバツで答えられるという奴がいる
だが際限のない自問自答を繰り返していると
腑に落ちる答えなどないということが腑に落ちる
マルとバツの間に虹が立つことだってあるのだ
（谷川俊太郎「ルバイヤートに倣ってまた」）

ようこそ哲学専攻へ！

あなたは誰ですか。あなたの名前は、あなたの性は、あなたの帰属は。そしてあなたの言語は。ごめんなさい、僕から始めましょう。僕は合田正人と言います。男で日本人です。香川県、うどん県だね、そこの出身。日本語が母語（母国語）です。還暦を迎えました。

たとえば僕がこのように答えたとして、それはそれで間違いではないかもしれない。でも、名前のない人、複数の名前のある人、言いたくない名前をつけられた人、名前を変えたい人、男でありたくない男、男か女かわからない人、そのいずれでもないと思っている人、国籍のない人、国籍が複数ある人、ある国籍を持っているけれどもそれが嫌な人、言葉を話せない人、複数の言葉を話す人、一つの言葉に決めたくない人、等々はどうなるのでしょうか。どう答えればいいのでしょうか。

「日本語」と書きましたが、それはどのような「日本語」なのでしょうか。僕が聞いてもまったく分からないさまざまな日本語が話されています。一〇〇年前くらいの日本語でも、僕には容易に意味が分からないものが少なからずある。そんな人を、日本語使用者と呼べるでしょうか。自分の言語は日本語だ、と言えるのでしょうか。もっと言うと、日本語が母語で、英語が第一外国語で、フランス語が第二外国語、なのでしょうか。そもそも「母語」「母国語」とは何でしょうか。それがとても大事な問題につながるのではないか、ということを少し書き贈りたいと思うのです。

1

バルッフ・デ・スピノザという哲学者をご存知ですか。高校の倫理の教科書にも出ているはずです。ネーデルラント共和国のホラント州（オランダという語はホラントというポルトガル語に由来する）のアムステルダムに一六三二年に生まれ、一六七七年にハーグで没しました。『エチカ』『知性改善論』『デカルトの哲学原理』『神学・政治論』『スピノザ往復書簡集』など邦訳を文庫本で読むことができます。人名事典でスピノザの項目を引くと、何と出ているでしょうか、「オランダの哲学者」と紹介されていることが多いでしょう。続いて、「ユダヤ人」「ポルトガル」「セファラード」（ヘブライ語でイベリアの意）といった語が記されているかもしれません。では、スピノザは「オランダ人」なのでしょうか。「ユダヤ人」なのでしょうか。もちろん、「ユダヤ人」あるいは「ユダヤ教徒」と呼ばれる人がある国に居住したりある国の国籍を持ったりすることは珍しくありません。すると、スピノザはユダヤ系オランダ人なのでしょうか、それとも、オランダに住むユダヤ人なのでしょうか。

どっちでもいいよ、と思われているかもしれません。そもそも「ユダヤ人」って誰だ、とも。それをここでお話しするわけにはいかないのですが（拙著『入門 ユダヤ思想』〔ちくま新書〕を参照していただければ幸いです）、でも、もう少し、どうなっているのか考えてみましょう。

世界史の授業で学んだと思いますが、キリスト教暦で八世紀初頭、イベリア半島はイスラームの支配するところとなりました。「レコンキスタ」（再征服）とはキリスト教勢力による失地奪回の動きで、一三世紀にはイベリア半島の大部分が奪回されるに至ったとはいえ、難攻不落のグラナダが陥落したのは一四九二年一月のことでした（この間のユダヤ人の動きについては関哲行さんの『スペインのユダヤ人』〔山川出版社〕を是非お読みください）。グラナダ陥落の二ヶ月後、三月三一日にスペインのカトリック両王はある勅令を出しました。曰く、「我々は我々の王国内に、ユダヤ教に帰依し、そのことによって我々の神聖なカトリックの信仰を欺く邪悪なキリスト教徒たち（ユダヤ教からキリスト教に改宗したとされる者）が存在すると、報告を受けてきた。このような最悪の展開は、ユダヤ教徒とキリスト教徒が接触した結果として生じた。〔…〕我々の神聖な信仰が、これ以上損なわれるような、さらなる機会が与えられるべきではないと我々は判断した。〔…〕かくして、性別、年齢を問わず、この地であれ、かの地であれ、出生地に関わりなく、我々の土国と我々の所有になるあらゆる地域に居住するすべてのユダヤ教徒の追放を、我々はここに命ずる」。

実際には、改宗という選択肢はまだ残されていました。けれども数か月のうちにスペインからユダヤ人は姿を消した。大半はポルトガルに避難したのですが、北アフリカ、イタリア、トルコに向かった者もいました。ところが、一四九六年の暮れ、ポルトガル王マヌエル一世は、強制的改宗に応じない場合は、自らの領土からユダヤ教徒イスラム教徒を追放すると宣言したのです。当時まだ、スペインとはちがって「異端審問所」が設立されていなかったポルトガルでは、表向きは改宗するが実際にはユダヤ教の信仰を維持する面従腹背的な生存を選ぶ者たちが多数生まれ、彼らは「マラーノス」(豚ども)という蔑称で呼ばれました。

もっとも、このように裏表のある二重生存は、イスラーム支配下でもユダヤ人たちに強いられていたもので、コルドバに生まれた中世最大のユダヤ人哲学者とも言われるマイモニデス(一一三五/三八—一二〇四)は、「私は母の胎内にいた時から迫害されていた」とさえ言っていますが、殉教か改宗かの二者択一に関しては改宗を装っての生存を説き、ユダヤ・アラビア語で書き、イスラームの高官たちに仕えました。政治哲学者のレオ・シュトラウス(一八九九—一九七三)は『迫害と書く技法』(一九五二)という論集のなかでマイモニデスの『迷える者の手引』を取り上げて、マイモニデス的筆記の顕教的次元と秘教的次元の二重性を指摘しています。

異端審問の開始とともに、よりよい生活環境を求めてポルトガルを去るユダヤ人たちがいたのはもちろんですが、一五四七年ポルトガルに異端審問所ができると、とりわけ北に向けて旅立つユダヤ人は急増しました。ネーデルラントの一七州を支配していた神聖ローマ帝国（ハプスブルク家）皇帝カール五世が諸州をフェリペ二世に譲り、諸州がスペインの支配下に入ったのは一五五五年、その直後からさまざまな理由で反乱が勃発、戦争が継続されるなか一五八一年にはフェリペ二世の統治権は否定された。この年をもってネーデルラント共和国独立とみなす説もあります。スペインとポルトガルの貿易会社の流通の拠点であったアントワープは一五八五年、スペインに与するパルマ公によって制圧され、アントワープのユダヤ人およびプロテスタントの商人たちは移住を余儀なくされた。そのとき、交易、商業、金融の面でアントワープの代わりとなったのがアムステルダムで、イベリア半島を離れたユダヤ人たちも次第にアムステルダムを目指すことになります。一六〇〇年から一六〇八年のあいだに、最初のユダヤ人共同体「ベト・ヤコブ」（ヤコブの家）がアムステルダムに建設されました。

「スピノザ」という姓は「エスピノーザ」というポルトガル語に由来し、この語は「茨の場所から」を意味します。スピノザ家の祖先はスペインに住んでいましたが、追放令によってポルトガルに逃れたのでした。バルッフ（ベント）の父ミカエルはポルトガルで一五八七年あるいは八八年に生まれ、その父イサーク、叔父にして義父となるアブラハムらとともにフランスのナントなどを経てアムステルダムに至り、アブラハムの営む貿易会社を継ぎ、ユダヤ人共同体の「理事」としても活躍することになったのでした。

バルッフはミカエルとハンナの次男として生まれ、七歳から、共同体の運営する「タルムード・トーラー」学校に通います。「トーラー」というのはヘブライ語聖書のうち「モーセ五書」とも呼ばれる部分のことでユダヤ教の根本的な「法」(律法)を表し、「タルムード」は「学習」の意で、「トーラー」の註解を指しています。ですから、当然古代ヘブライ語の勉強をするわけですが、この学校で使用されていたのはスペイン語訳聖書で、教師たちはユダヤ・スペイン語とも呼ばれる「ラディーノ」を話す者がほとんどで、生徒もヘブライ語で会話ができる者はいなかったし、そもそも学校はそれを学ぶ場ではありませんでした。「ラディーノ」に対して、ドイツ語・スラヴ語とヘブライ語との混淆から生まれたのが「イディッシュ」です。

バルッフの入学の前年、母親のハンナが亡くなっています。兄のイサークは一六四九年、姉のミリアムは一六五一年、父親のミカエルは一六五四年、と次々に身内の者たちが死去していきましたが、家庭では彼らは何語で話していたのでしょうか。大方はポルトガル語と推定しています。ただ、スピノザの蔵書のなかにはポルトガル語の本は皆無でした。それに対して、蔵書の一割以上がスペイン語の原書で、バルッフはフランシスコ・デ・ケベード(一五八〇—一六四五)やルイス・デ・ゴンゴラ(一五六一—一六二七)やバルタサル・グラシアン(一六〇一—五八)といったスペインの作家たちのものは原書で読んでいました。スペイン語はヘブライ語と同様、学校の、それゆえ学問の言語だったのでしょうか。

父親なき後、スピノザは父親が背負っていた負債の整理に腐心したようです。そんな交渉時に彼は何語を話したのでしょうか。いわゆるオランダ語は聖書翻訳のために一六〇〇年頃ホラント州の数々の方言から合成されたと言われますが、家の外や公用ではバルッフは多分オランダ語で話していたと推測されています。ただし、日常の用事を足せるくらいは話せた、とする論者と、オランダ語で書かれた約一〇通の哲学的書簡を見ても、もっと高度な運用が可能だったとする論者がいます。スピノザの遺稿集の編者のひとりヤーラッハ・イエレス（?―一六八三）はスピノザの『神学・政治論』を友人に頼んでオランダ語訳させた人物なのですが、スピノザ自身はそれを阻止しようとしたというのです。どうしてでしょう。

スピノザはマキアヴェッリをイタリア語で読み、ポール・ロワイヤルの『論理学もしくは思考の技法』をフランス語で読みました。古代ギリシャ語もできたようですが、自ら英語はできないと言っています。ドイツ語については少なくとも僕には情報がありません。

しかし、「タルムード・トーラー」学校に通っていたスピノザは、ラビになるための勉強を最後まで続けることはなく、それどころか、驚くべきことに、一六五六年にポルトガル・ユダヤ人共同体から破門されてしまうのです。「評議会」はバルッフの好ましからざる思想を知り、彼を悪の道から引き戻すために手を尽くしたがその甲斐なく唾棄すべき異端の数々と行いが当人の面前でも証明されたがゆえに、スピノザをイスラエルの民より追放する。律法に記されたあらゆる呪いをもって、昼も呪われてあれ。夜も呪われてあれ。また寝る時も呪われてあれ。起きる時も呪われてあれ。家を出る時も呪われてあれ。家に入る時も呪われてあれ。主は彼を許し給わざらんことを……。

激しい言葉です。それでも破門は期限つきで解かれるのが常です。ところが、スピノザに対する破門は解かれませんでした。アムステルダムに住むこともできなくなりました。破門の理由については、破門直後にスピノザがある文章を書いていて、そこには、モーセ五書の著者がモーセであることを否定したり、ユダヤ人が選民であることを否定したり、後に『神学・政治論』に書かれることがすでに記されていたとする説もありますが、まだよく分かりません。また、その後のスピノザの生活についても語る余裕がありません。ただ、レンズ研磨という彼の作業は今でいうと人工知能など先端科学の仕事だったということだけは言っておきたいと思います。破門後、スピノザはコレジアント派と呼ばれるキリスト教の実に複合的な集団と親しくしたと言われています。その点で、スピノザは旧約の真理を新約のそれに従属させ、「隣人」を「同胞」に限定したとするコレジアント派の誤ったユダヤ教観を広めたと非難されたりもしているのですが、スピノザはキリスト教徒になったわけではありません。では、スピノザは何者だったのでしょうか。何人《なにじん》だったのでしょうか。考えてみてください。

ちなみに、スピノザのような天才をわれらが民族から切り離しておくことはできないとして、破門から三〇〇年後、イスラエル国の初代首相ダヴィッド・ベン＝グリオン（一八八六―一九七三）はスピノザの破門を解こうと世界的なキャンペーンを展開することになります。物理学者のアインシュタインはこの提案に賛成しました。これに対して、僕が長年係ってきたエマニュエル・レヴィナス（一九〇六―九五）という哲学者は断固たる反対の態度を採りました。この論争はどちらかというとスピノザ復権派の勝利に終わり、一九八六年には後出のヨヴェルによってエルサレム・スピノザ研究所が創設されることになります。

2

「マラーノス」の母親を持つのではないかとされるミシェル・ド・モンテーニュ（一五三三―九二）は、イタリアルネサンスを賛美する父親によってラテン語による教育を受けながら「フランス語」で『エセー』を書きました。ルネ・デカルト（一五九六―一六五〇）はラテン語でもフランス語でも書きました。フランス語を「我々の言語」と呼んでもいます。ラテン語はある種の死へ向かっていました。ところが、スピノザはすべての著作をラテン語で書いた。『短論文』はオランダ語ですが、ラテン語で口頭発表したのを他人が翻訳したのです。

しかし、スピノザはいつからラテン語を学んだのでしょうか。諸説ありますが、ファン・デン・エンデンという人が先生のひとりであったのは明らかで、彼が塾のようなものを開いたのは一六五二年です。その前から付き合いがあったとしても二〇歳くらいで学び始めたわけですから、あなたにとっては第二外国語ということになります。ある説は、一六五六年から学び始めたとしています、そうだとすると、スピノザは破門の年にラテン語と取り組み始めたことになる。それを踏まえて、ラテン語の学習はユダヤ人共同体との断絶の証しだった、という意見もあります。ただ、たとえそうだとしても、なぜ遅まきに学んだ言語で著述しようとしたのでしょうか。ある論者はこう推測しています。

「後から学んだ言語であるラテン語、それをスピノザは（デカルトやライプニッツとは逆に）いつも不器用にいじり回したのだが、そのラテン語で書かれる代わりに、ヘブライ語――おそらくこの言語でスピノザの著作は思考された――で書き写されていたら、彼の著作はもっと明晰になっていただろうとわれわれは確信している」。

こう述べたのは、パリ第四大学、通称ソルボンヌの哲学科で一九六二年から一九七九年まで教鞭を執ったフェルディナン・アルキエ（一九〇六―八五）という人物です。アルキエのこの指摘については、すでに厳しい批判がなされているのですが、それについては次節で論じるとして、先に「スピノザは何人《なにじん》か」と問うたように、ここで「スピノザの言語は何か」と問いかけたらあなたはどう答えるでしょうか。この問いが実際に発せられたのは、パレスティナはハイファ生まれのイスラエルの思想史家イルミヤフ・ヨヴェル（一九三五―　）の『スピノザと他の異端者たち』（一九八九）においてでした。ヨヴェルは、「スピノザの言語」と呼べるような一つの言語はない、スピノザは多くのユダヤ人がそうであるように多言語併用者であったと答えています。でも、「多言語併用」とはどういうことでしょうか。そこで、諸言語は互いにどのように関係しているのでしょうか。

アルキエについて少し補足しておきます。アルキエはスピノザの哲学は本質的に「理解不能」であると結論づけたデカルト主義者です。デカルト解釈についてもスピノザ解釈についてもマルシアル・ゲルー（一八九一—一九七六）という思想史家と争いました。後に世界的に著名になるジル・ドゥルーズ（一九二五—九五）、ジャン＝リュック・マリオン（一九四六— ）の先生でもありました。ドゥルーズは『スピノザと表現の問題』（一九六八）、『スピノザ——実践の哲学』（一九八一）という二冊のスピノザ論を公刊しています。もうひとつ、アルキエはソルボンヌ哲学科で前出のレヴィナスの同僚でした。レヴィナスはその博士論文『全体性と無限』（一九六一）で、本書の主張は「スピノチズムの対蹠点にある」と書いています。

3

スピノザほど毀誉褒貶の激しい哲学者はいないでしょう。しかし、賛美するにせよ呪詛《じゅそ》するにせよ、ピエール・ベール（一六四七—一七〇六）以降書かれたまさに数限りないスピノザ論にはある共通点がある、と断じた者がいる。ドゥルーズの勤め先であったパリ第八大学の言語学科で一九六八年から九七年まで教師を務めたアンリ・メショニック（一九三二—二〇〇九）です。ルーマニアのベッサラビアからパリに移住したユダヤ人夫妻の子息で、「リズム批判」という立場から、一方で近現代詩論の構築、他方ではヘブライ語聖書（タナッハ）の新たなフランス語翻訳を行った。

レヴィナスのタルムード読解にも異議を唱えました。そのメショニックの『スピノザ、思考の詩』(*Spinoza, Poème de la pensée*, CNRS, 2017)によると、従来のスピノザ論には「言語の問題」がほとんどつねに不在であったのです。

スピノザ自身、「記号」(signum)による認識を非十全な「第一種認識」とみなしたこともこの傾向を強めたのでしょうが、この不在は三つの錯誤から成っています。(1)言語を経ずに直接「思想」「観念」を把握できると錯覚すること。(2)たとえば「連結」(concatenatio)といった具合に、スピノザの「語彙」だけに注意を向けて事足れりとすること。(3)スピノザが言語について明言していることを勘案しながらも、この留意が逆にスピノザの言語活動についての誤った考えを正当化してしまうこと。この第三の錯誤の体現者とメショニックがみなす論者、それがほかでもないアルキエなのです。

スピノザはヘブライ語で思考し、その思考内容を、下手なラテン語で「書き写し」た、だから彼の書いたものは理解不能なものとなったとアルキエは考えていました。あなたはどうですか。このような考え方はなかなか払拭できないのではないでしょうか。でも、これは「内面性の錯覚」とでも呼ぶことのできる錯覚の所産ではないでしょうか。

ここで少しスピノザの『エチカ』を見てみましょう。多様な身体的触発=身体的反応(affectio)しかないことをスピノザは語り、それを個物による実体の「表出」(expressio)とみなした、と僕は考えています。「人間精神(mens humana)とは人間身体(humanum corpus)の観念ないし認識にほかならない」（第二部定理一九証明）という言葉はそのような意味に解されなければなりません。「触発」は「感情・情念」（affectus）です。その一方で、「観念（idea）とは、精神が思考するものであるからこそ形成する精神の概念（conceptus）、と私は知解する」（第二部定義三）とあり、受動を含意する「感情・情念」に対して「概念」は「精神の能動」と規定されていますから、身体的触発＝表出のなかで、「感情・情念」から「概念」への移行がなされるというよりもむしろ、いわば表裏一体の「感情・情念」と「概念」が出会って相互干渉が生じる。話すこと、聴くこと、書くこと、読むこと、そのような身体的行為のいずれにおいてもそのつどこの出会いが生じているのです。

「感情・情念」と「概念」は不可分ですが、その「間」は複雑かつ力動的なものです。そのような「間」を、メショニックは、スピノザにおけるヘブライ語とラテン語の関係として捉えました。「ヘブライ語とスピノザとの関係は感情・情念（affect）的な関係である」とメショニックは言っています。学校で時にスペイン語を介して文法を学んだにせよ、自ら選んだわけではない特殊な共同体の伝承という要請のなかでスピノザ少年がヘブライ語を学んだ、ということを勘案しているのかもしれません。しかし、メショニックはスピノザ自身がアブラハム・イブン・エズラ（一〇九〇／九二―一一六四／六七）という先人の立場を受け継いで、ヘブライ語を「感情・情念の言語」として捉えていたという点を重視しています。

「『ヘブライ語文法要諦』での聖書のアクセント（accent）とスピノザとの関係は、スピノザが言語について抱いていた考えの全体と強く結びついている。イブン・エズラとスピノザとの関係については多々語られざることがあるけれども、それらも、スピノザにおけるエクリチュール（書くこと）とリズムと思考との間の連関について何事かを語っているのである」。

スピノザが遺した草稿のなかに『ヘブライ語文法要諦』なるものが存在することをまず銘記してください。ここに「アクセント」と訳した語については後述します。一方、ラテン語はスピノザにとって特異なユダヤ人共同体との「断絶」の言語であり「概念」の言語であった。破門に際して、スピノザは「私の前に開かれた道に私は喜んで入っていく」と言ったと伝記作者のフロイデンタールは書いているが、メショニックは「普遍的なもの」の政治的選択をそこに見ています。もはや国家ないし帝国の言語として話されることをやめ、しかも、来るべき国民国家の「国語」となる見込みのもはやない「没人格的な」言語。どこにも根づかない言語。もっとも、一六七六年一一月ヨットでハーグのスピノザを訪ね、およそひと月の間スピノザと面談したとき、ライプニッツとスピノザはラテン語で話したと言われています。

ヘブライ語とラテン語の関係を表すものとして、「特異的普遍」（universel singulier）というジャン＝ポール・サルトル（一九〇五―八〇）の言葉が浮びます。ただ、二〇世紀にある意味では甦ることになるとはいえ、古代ヘブライ語も王国の言語たることをやめ、誰によっても話されない言語と化していました。スピノザは、ユダヤ人の特異性を神の選びとみなす考えを斥ける一方で、聖書の本質を神の普遍的な正義と愛を刻んだ書簡とみなしていました。古代ヘブライ語はこの書簡の言語でもありますから、特異性は単なる特異性ではなくある普遍性へと開かれていることになります。話がこのように進んでくると、ヘブライ語とラテン語の関係が「宗教と哲学」との関係とも関連していることがわかってきます。

『神学・政治論』第一四章で、スピノザは宗教と哲学を切り離す必要を説き、両者の癒着ないし凭れ合いは宗教も哲学も台なしにしてしまうと書いています。「感情・情念」と「概念」について僕が語った不可分性と両者の「間」の複雑な力動性は、スピノザのこの主張に抵触するのでしょうか。必ずしもそうは思いません。さもなければ、スピノザは、神人同型的な考えを全面的に棄却しながらも、『エチカ』第五部定理三六の註解で、「第三種認識」ないし「神への知的愛」について、それを「聖書において栄光（gloria）と呼ばれるもの」と記すことはなかったでしょうし、また、宗教と哲学の分離を提唱した『神学・政治論』の冒頭に「哲学する自由」という言葉を掲げ、哲学者たちにこの書を捧げることもなかったでしょう。

話をここでヘブライ語とラテン語に戻すと、メショニックにとっては、哲学的著述はスピノザにとってラテン語でなされねばならなかった。「スピノザにおける思考の詩学はラテン語でしか考えられないし、ラテン語でしか発明されない。スピノザのラテン語は、デカルトが彼のラテン語を有し、フランシス・ベーコンが彼のラテン語を有していたように、スピノザに固有な言説の特異性を有している。／注意深い読者たちの観察をすべて集めても、スピノザが「不器用に」ラテン語をいじくり回したと断言するのを可能にするものは何もない」。

でも、なぜこのような印象が生じたのでしょうか。日本の論者たちもスピノザのラテン語を「暗号」と呼んでいます。個々の事例を挙げる余裕はありませんけれども、メショニックによると、スピノザは自ら断っているように、「しばしば慣用に反した仕方でラテン語を書き、意図的に言語に無理強いしている」というのです。それをアルキエは下手なラテン語とみなしてしまった。言語もまた成るものであるとき、たとえば正しい日本語、美しい日本語、逆に下手な日本語、醜い日本語、とは何でしょうか。是非考えてみてください。

統語論的にも語彙論的にも意味論的にもラテン語に無理強いする。それはひとつにはスピノザがヘブライ語を経由していたからでしょう。メショニックはそれを「ラテン語のヘブライ語化」と呼んでいます。と同時に、ヘブライ語とスピノザの関係もラテン語の筆記によって変化する。そんなに難しいことではありません。あなたが英語を学び始めると、あなたと日本語の関係は多少なりとも変わるでしょう。と同時に、あなたの英語にはあなたの日本語経験が刻印されているでしょう。

では、アルキエは間違っていた、あるいは大事なことを摑みそこなっただけなのでしょうか。そうではありません。メショニックも、アルキエはスピノザにおける言語の問題に目を向けた類稀な論者のひとりであるとはっきり言っています。この発言の背景には、先に注意を促したスピノザの『ヘブライ語文法要諦』が存していました。どういうことでしょうか。

4

『ヘブライ語文法要諦』（*Compendium grammatices linguae hebraeae*）はラテン語で書かれた草稿で三三章までありますが、おそらく未完なのでしょう。スピノザ没後、前出のイエレスなどスピノザの友人が出版した遺稿集に収められました。二〇世紀半ばで、ヘブライ語訳と英訳（二種類）があったというのですが、スピノザの他の著作に較べれば実に少ないです。「忘れられていた」と言う人もいます。たかが文法書、という思いがあったかもしれません。これと関連してひとつ思い出すのは、ステファヌ・マラルメ（一八四二—九八）の『英単語』という作品のことです。生涯高校の英語の先生をしていたこの卓越した詩人が書いた英語の教本なのですが、いまや、立花史さんのような研究者によって、そこにこそ詩人マラルメの核心があるのだと言われるに至ったのです。スピノザはヘブライ語で書くべきだった、と、メショニックに言わせると、お門違いな見解を抱いたがゆえに、アルキエはスピノザが書いたヘブライ語文法書に注目できたのかもしれません。

一九五三年一一月、ソルボンヌの講義でアルキエは初めてスピノザを取り上げました。そこで彼は、スピノザをめぐるフランス語文献のなかに一度も収められたことのないこのテクスト『ヘブライ語文法要諦』の存在を告げ、この文法書が、『神学・政治論』、さらには『エチカ』の従来の理解を変えるかもしれないと発言したのです。アルキエはこの文法書がフランス語に訳されることを熱望しました。でも、訳者はラテン語に加えてヘブライ語にも通じていなければなりません。受講生のなかに彼らがいたのでしょうか、ジョスランとジョエルのアシュケナジ夫妻が名乗りを挙げ、アルキエと熱い議論を重ねながら、翻訳の作業が始まり、一九六八年フランス語訳が出版されることになるのです。その初版にアルキエは四ページの序文を寄せました。何を語ったのでしょうか。

この文法書は文法的な面白さと哲学的な面白さを同時に有していると言ったうえで、その哲学的面白さの一部だけを紹介すると話題を限定して、アルキエは六つの論点を提示しています。第一に、文法的に不規則もしくは例外とされるものは不規則でも例外でもないこと。第二に、ラテン語とはちがってヘブライ語ではほとんどすべての語が「名詞」ないし「名前」であること。第三に、いま計算しつつある人という分詞による表現から、計算する人という形容詞への変形——そうですね、interesting の例を考えてみてください——は、「具体」(concret) を取り逃がす堕落であること。第四に、しかしヘブライ語には現在形はなく完了か未完了かを表す時制があるだけであること。第五に、命令法と未完了形についても、アダムの罪をめぐる『神学・政治論』第四章と関連があること。第六に、全体を理解しないと部分は理解できないこと。アルキエはこの問題を原因性の問題に結びつけ、「再帰能動動詞」(verbe réfléchi actif) なるものに触れて「内在的原因性」(causalité immanente) を語っています。

もちろんこれだけでないことはアルキエも十分承知しています。まず古代ヘブライ語についてのスピノザの大前提を示しておくと、彼が言うには、「古代のヘブライ語の話者たちは、この言語の諸原則や体系について、後世に何一つ残してくれなかった。少なくともわたしたちの手元には、彼らのものは何一つ残っていない。辞書も、文法書も、文体論もないのである」。そのうえで少し論点を挙げておきますと、まず、ヘブライ語が母音字を欠いていることについてスピノザは、子音は身体、母音は魂と言っています。「魂」は見えないし形がないので文字化されないのは当然です。ですが、「すべての文字は魂なき身体のごときものである。母音よ来たれ、さすれば身体は生きたものとなるだろう」と言うのです。

でも、先述したように、身体的触発しかありません。触発は反応とほぼ同時です。「ほぼ」(presque)、それが、身体に対して魂を生み出すものだと僕は思っています。この「ほぼ」によって、僕たちは、たとえすべてが必然的であっても単に受動的な存在ではなくなりうるのです。「ほぼ」は決定不能なものです。ぴったり合わない。でも、「ほぼ」がなければ、合うということも合わないということもありえないかもしれません。これが「間」の複雑な力動性に係ることは言うまでもないでしょうが、それをスピノザは「アクセント」と呼んだのではないでしょうか。こう言っています。

「アクセントと旋律が、一軍を従える王のように、背後に文字と母音を従えて進んでいる。文字は身体であり母音は魂である。いずれもアクセントの行進に従い、それと同時に停止する」。「アクセント」とあるのはヘブライ語で「タアーム」と呼ばれるもので、たとえば聖句の朗誦の際の調子を全般的に司るものです。抑揚、強勢、演歌のこぶしのようなものもそれに含まれるのですが、何よりもそれは切断、いわゆる句読点とそこでの息継ぎに係っています。僕たちは、「あいうえお」という文字を持っていますが、kaではなく「か」を「カ」と発音するというのは考えてみると凄いことです。それと同じく、スピノザは古代の人々は、母音なきヘブライ語の文字を見て発音できたと考えたのでしょう。僕もそれに賛成します。もうひとつ、「あいうえお」もローマンアルファベットもそうですが、不連続な字母がありそれが組み合わされて文字ができ、今度は文字が不連続に組み合わされて文ができ、文と文が不連続にある。僕たちはそういう光景に慣れています。たしかにヘブライ語聖書の筆記も連続とは言えません。その点では僕たちの書道はれています。たしかにヘブライ語聖書の筆記も連続とは言えません。その点では僕たちの書道は重要な問題を提示していると思うのですが、ヘブライ語聖書を目にした者の多くは、どこからどのように読むのかきっと戸惑うでしょう。今は、さまざまな記号が付されて切れ目や母音を代理表象しています。でも、スピノザはそれに疑義を呈するのです。

「(母音および文の切れ目を示す)符号には用心しなければならない。それらは後代の人たちによって考案され設置されたものであり、われわれは彼らの権威を鵜呑みにしてはならないからだ。古代のヘブライ人たちは点を使わずに(つまり母音記号もアクセント記号も使わずに)ものを書いた。これはたくさんの証拠から明らかである」。

でも、もしそうなら「ひとつの単語」「ひとつの文」というものもありえなくなってしまいます。そこでメショニックは「記号」ではなく「連続態」(continu)と言うのです。ですが、「連続態」は「切断」に背馳《はいち》するものではありません。ただ、どこで切断するのか、それによってどのような拍が生まれるのか、その確たる根拠はありません。だからこそ、「切断」とその「間」はつねに揺らいでいるのです。その不安がリズムもしくは「リズムの欠如からなるリズム」（レヴィナス）、「反リズム的断絶」（ヘルダーリン）であり、極端に言えば、僕たちの生存そのものなのです。メショニックによると、ヘブライ語聖書のリズム法には、「一八の離接的アクセントと九つの接続的アクセント」がある。えっそんなに、と思われるかもしれません。ですが、さまざまな分野の匠たち、業師たち、演者たちはきっとすぐに分かるのではないでしょうか。無数の「間」があるということを。

もうひとつ言っておくと、スピノザはモーセ五書が極めて長い時間のなかで数限りない人々によってあたかもパッチワークのように編まれたと考えましたが、『ヘブライ語文法要諦』第二章で、聖典は「相異なる方言を話す人々によって編まれた」と言っています。「これらの方言はそれとして認知されることはもはやない。つまり、どの方言がどの部族に属していたのかを言うことはもはやできないのだ。この点でヘブライ語が他の諸言語と変わりないのは確かである。それに聖典それ自体もこのことをわれわれに教えてくれる。事実、エフライムの部族の人々は、いずれも同じ器官によって発音されるものだが、子音字シンの代わりにつねに子音字サメフを用いていたのだから」。

5

アルキエはヘブライ語聖書の「アクセント」のことなど知らなかったでしょう。僕も知りませんでした。でも、『ヘブライ語文法要諦』に向けられた彼の眼差しは思いがけない展望を開いたのではないかと思うのです。つい最近気づいたことなのですが、まずはあなたに聞いてもらえれば嬉しいです。

ヘブライ語ではほとんどすべての語が名詞・名前である、と先に言いました。その例としてアルキエは前置詞を挙げています。前置詞も名詞・名前だというのです。これはスピノザが『ヘブライ語文法要諦』の随所で書いていることです。名詞・名前である限り、前置詞は冠詞を冠されうるし、複数形を持つこともできます。「間」を意味する「バイン」というヘブライ語についてスピノザはこう書いています。「たとえばバインの複数形バイノトがある。実際この複数形はある個物と他の個物との唯一の関係をではなく、諸事物の間の複数の合間をわれわれに知らしめる。この点については、『エゼキエル書』第一〇章第二節を参照」。

「項」と「関係」という語を使うと、「関係」を表す前置詞が名詞・名前であるということ、通常名詞・名前で言い表される「項」と「関係」が同等の資格を有しているということです。「固体の論理」に絡め取られた者は、「項」がまずあって、それが備えるさまざまな性質ないし属性の「間」に差異や類似といった「関係」があると考えがちですが、そうではないのです。

スピノザは『エゼキエル書』へのある箇所への参照を促していました。エルサレムの堕落に怒った主は、「腰に書記の筆入れを着けた者」に向けて、エルサレムで起きている禍々しいことに嘆き悲しんでいる者の額に徴しを付けよ、その他の者は容赦なく殺せ、と命ずる。書記は命に従う。再び主は書記に命ずる。翼天使「ケルビムの間にある回転するもの［車輪］の間に入り、ケルビムの間にある炭火を両手に満たし、それを都の上に撒き散らせ」、と。僕にはこのあたりの精確な解釈をする力はまったくありません。ですが、複数形で表記されたこの間が「車輪」のように回転するもので、それが増殖したり重なり合ったりする様は実に印象的です。

先に言っておくと、スピノザの文法書を経由した、アルキエの「関係」についての小さな示唆が、もちろん他のさまざまな動因とともに、ドゥルーズやデリダによる「差異」の観念の刷新につながったのではないかと僕は仮定しているのです。ドゥルーズはルイ大王高校の準備学級（高等師範学校進学のための特別コース）への一九四五年の入学から一九六八年の博士号取得に至るまで、長きにわたってアルキエの教え子で、一九五六年にはアルキエの『シュルレアリスムの哲学』『デカルト、人と作品』の書評を書いて、「システムを拒絶する合理主義」としてアルキエの哲学を称えているのです。

一九五六年、それは「差異をめぐるベルクソンの考え」（*La conception de la différence chez Bergson*）という極めて重要なドゥルーズの論考が発表された年でもありました。アルキエが講義で『ヘブライ語文法要諦』に言及してから三年後、確証はありませんし、スピノザの文法書以外にもシェリングやガブリエル・タルドのことも勘案しなければならないでしょうが、entre（間）などの前置詞が名詞・名前であるという考えが、同論のたとえば次のような箇所に反映されている、あるいは少なくともそれと共鳴しているとは考えられないでしょうか。「本性の差異（différence de nature）というものは二つの事物（deux choses）、むしろ二つの傾向と言うべきかもしれないが、それら二つの間にあるのではなく、それ自体がひとつの事物（une chose）、ひとつの傾向として他のものに対立している。［…］かくして差異が実体（substance）と化したのと同様に、運動も何ものかの性質ではもはやなく、それ自体が実体的性質を持ち、他の何も、いかなる運動体も前提とすることがない。持続、傾向は自己と自己との差異である。［…］本性の差異はそれ自体がひとつの本性(une nature）と化したのだ」（*L'île déserte*, Minuit, 2002, pp.52-53）。

ドゥルーズの博士号請求副論文『スピノザと表現の問題』の指導教官を務めたのはほかでもないアルキエでした。しかし、フランソワ・シャトレ（一九二五—八五）に宛てたドゥルーズの書簡を見ると、論文審査の翌日ドゥルーズはアルキエから絶縁されたというのです。「論文審査については何と言えばいいのか、おもしろくもなんともない。愚の骨頂、愚の骨頂だ。次の日アルキエに会ったが、彼は僕に絶縁宣言をしたのだと感じた。でもとにかく、来年ヴァンセンヌ［パリ第八大学］かナンテール［パリ第一〇大学］（もし消えてなくならなければだが）に納まらねば」（*Lettres et autres textes*, Minuit, 2015）。何が原因であったのか。スピノザ論がきっかけだったのでしょうか。そもそもスピノザは「理解不能」であると考えるアルキエはどのような気持ちで論文の指導を引き受けたのでしょうか。確実に言えることは何もありません。けれども、長年の師弟関係とその破綻のなかで、あるいは当人たちも気づかないような仕方で、些細な、とはいえ最重要な何かが、海に投げ込まれた瓶のなかの手紙の切れ端のように、伝わることなく伝わったのかもしれない、と思えてならないのです。

ドゥルーズとは逆に、デリダはほとんどスピノザを論じていないというのが一般に流布された理解です。たしかにスピノザの名前が挙げられている箇所は決して多くはありません。マルティン・ハイデガー（一八八九—一九七六）における「スピノザの締め出し（forclusion）」をめぐるジャン＝リュック・ナンシー（一九四〇—　）との対話、スピノザを愛読したフローベールをめぐる考察、そして、僕はその訳者のひとりなのですが、『ユリシーズ　グラモフォン』での『神学・政治論』への言及。「神は火である」をめぐる『神学政治論』第七章での議論を踏まえて、デリダは脚註で、「『神学・政治論』は［ジェイムズ・ジョイスの］『フィネガンズ・ウェイク』よりも大きいと同時にそれよりも小さいテクストである」（*Ulysse gramophone*, Galilée, 1987, p.40）と言っています。長い間僕はこの脚註が付されている意味がわかりませんでした。今もわかりません。ですが、「意味」「隠喩」「解釈」をめぐるデリダの思考の核心に係る問題がここで提起されているのだとようやく思うに至りました。この点については思うところを少し別の場所に書きましたので、できればそれを読んでください。

ただ『ユリシーズ　グラモフォン』について付け足しておくと、「ひとつの語とは何か」、『フィネガンズ・ウェイク』は何語で、何か国語で書かれているのか、というそこでの問い自体がスピノザの『ヘブライ語文法要諦』と決して無縁ではありえないのです。

それにしても、迂闊だったというか、アルキエが「間」を意味するentreというフランス語を例に挙げて、前置詞にも冠詞がつき前置詞も複数形を持つのだというスピノザの説を紹介するのを目にしたとき、僕は「あっ！」と声を上げました。「魂とはリズム的な結ぼれである」という素晴らしい言葉を遺してくれたフランスの詩人マラルメを論じた考察のなかで、アルキエの序文に呼応するようなことを確かデリダが書いていたのを思い出したのです。ありました。こんな箇所です。

「「間」(entre)は名詞化されうるし、準-自足的名辞となりうるし、定冠詞や複数形の標記を受け取ることができる。われわれは「間たち」(les entre(s))と言ったが、この複数形がいわば最初のものである。単数定冠詞の「間というもの」は実在しない。ヘブライ語では、「間」は複数形をとることができる。「たとえばバインの複数形バイノトがある。実際この複数形はある個物と他の個物との唯一の関係をではなく、諸事物の間の複数の合間をわれわれに知らしめる。この点については、『エゼキエル書』第一〇章第二節を参照」(Spinoza, *Abrégé de grammaire hébraïque*, Vrin, 1968, p.108)」(*La dissémination*, Seuil, 1972, p.274)。

谷、膣、膜、鼓膜、襞、折り目、洞穴、縦坑、空白……とデリダはまさに「間」を変奏していきます。『哲学の余白』(法政大学出版局)に収められた「差延」(*La Différance*)という一九六八年の論文――この年に『ヘブライ語文法要諦』のフランス語訳は出版されました――を是非お読みいただきたいのですが、デリダが「項」の間のさまざまな差異を生み出す「差延」（延期の意味が込められている）を語りえたのも、また、「散種」という言葉にも、スピノザの『神学・政治論』からの何らかの触発があったのではないでしょうか。その意味では、『散種』の序文でデリダがスピノザの『デカルトの哲学原理』に言及していることの意味をさらに探らねばならないでしょう。もう与えられた紙数も尽きました。最後にひとこと、デリダはdifférance という書き方をしながら、-ance という語尾について、それは能動態でも受動態でもなく、近年、小田切健太郎さんや國分功一郎さんが語る「中動態」（voix passive）で、構想力から感性と知性が分岐するように、そこから能動態と受動態が分岐するのだと言っています。アルキエが「再帰的能動動詞」と言っていたもの、それはヘブライ語では三つの能動態にも三つの受動態にも収まらないヒトパエル態なのですが、これら二つの態の間の共鳴を感じないわけにはいかないでしょう（この点については、ドゥルーズ『スピノザ――実践の哲学』平凡社ライブラリーの訳者、鈴木雅大さんによる先駆的な指摘を参照されたい）。デリダは、デリダこそ、フランス二〇世紀の哲学者のなかで最も忠実にスピノザの言葉を実践した哲学者だったのかもしれません。

まだまだ探索は続きますが、このあたりでひとまず中間休止としましょう。

第5章【読書案内】

香川県は日本で最も小さな県です。最近は「うどん県」と呼ばれています。その香川県の多度津という町に一九五七年に生まれ高校を卒業するまでそこで過ごしました。多度津は瀬戸内海の塩飽諸島に面した港町で、かつては、航海の神を祀る金毘羅神宮さんの玄関口のような存在でした。金毘羅の語源はクンピーラでガンジス川の鰐が神格化されて仏教のなかに取り入れられたと言われています。町の西端には海岸寺という寺院があって、屏風浦と呼ばれるこの場所は真言密教の開祖、空海（七七四―八三五）の母親の里です。唐からのうどんの輸入とも空海は無縁ではなかったはずです。空海が建立した善通寺は、多度津から南に車で二〇分くらいのところでしょうか。善通寺の五重塔を建設したのは塩飽諸島の船大工たちでした。五重塔の屋根の美しい曲線は舟の流線型と同型なのでしょう。塩飽諸島に本島という島がありますが、咸臨丸の乗船員の多くは本島の出でした。

「一度は自己と自己の周囲を起点として哲学しなければならない」と言った哲学者がいますが、少年時代退屈な田舎と思っていた町とその周辺にも幾つもの壮大な伝承とその痕跡が刻まれているのです。もっとも、それに気づいたのは町を去ってからのことでした。新米教師として沖縄で過ごした三年についても同じことが言えます。気づかなかったと言えば、高校の先輩に解剖学者の三木成夫（一九二五―八七）がいることを知ったのも十数年前のことでした。近年、河出文庫に『生命とリズム』『内臓とこころ』が入りました。

意外性があまりにもない話ですが、いま、リズムの哲学、多島海（アーキペラゴ）の哲学、そして、うどんの哲学を構想しています。「世界を過程と多島海として肯定すること」と言ったのは、フランスの哲学者ジル・ドゥルーズ（一九二五―九五）でした。関係のかたちを「システム」と呼ぶとして、力動的過程としての多島海、多島海システムとはどのようなものなのか。宇宙、地球、諸国家だけではありません、様々な集団ないし集合、諸言語、身体と精神、この「私」の何たるかを考えるうえでも、この問いをめぐる探求が肝要なのではないかと思うのです。この探求をつねに刺戟してくれる三冊の書物を挙げておきましょう。いずれも複数の邦訳があります。

ミシェル・エケム・ド・モンテーニュ（一五三三―九二）の『**エセー**』（一五八〇、一五八八、一五九五）。「試行」を意味する『エセー』も、不連続的な諸篇から成り、それぞれの篇が引用の重層であるような独特な形式を取っています。どれから読み始めてもいいでしょう。たとえば「友情について」。あるいは「食人種について」。語られていることのみならず語りの形式もまた、自己組織的なカオス・システムを成しているかのようです。しかし、モンテーニュは『エセー』でモンテーニュ自身、つまり「私」のことしか語らなかったと言うのです。そして、自分のことを語るのは極度に困難である、とも。なぜでしょうか。「私」なるものが幾重もの襞を有していて隠れた部分が数えきれないほどあるからです。襞を開いてもまた襞がある。

広大無辺な紙を限りなく折り畳んだものが「私」であるかのようです。「われ思う、ゆえにわれあり」で知られるルネ・デカルトが生まれたのはモンテーニュの死から四年後の一五九六年でした。

ブレーズ・パスカル（一六二三―六二）の『**パンセ**』。『パンセ』はフランス語で「思考」の意で、パスカルが生前構想していた書物のための断片を死後にまとめたもので、複数の版があります。「人間は考える葦である」など、はっと息を呑むような警句に満ちていますが、キリスト教、ユダヤ教といった宗教、神の観念が哲学の学びにとっていかに重要であるかということも教えてくれるはずです。人間は本質的に不幸で悲惨な存在です。無限大と無限小という「二つの無限」に挿まれ、その何たるかを知らないまま、安全な港もなく漂流し続けるほかない。確たる大地の不在、その動揺を語っている点で、パスカルは「プレートテクトニクス」の先駆者であったと言えるかもしれま

せん。そんな不幸と悲惨のなかで「信じる」とはどういうことなのでしょう。

アラン（一八六八―一九五一）の『**プロポ**』。「プロポ」は便箋二枚程度のいわばコラムでアランは毎日プロポを書き、その総数は五〇〇〇以上とも言われます。『幸福論』もプロポを集めたものです。アランは主題と執筆時期の二つの軸を設定して幾つものプロポ集を編みました。あたかも「自分」を複数の仕方で編集したかのようです。鬱と心身症と情念的錯乱の時代の到来を予見するかのように、アランは、それを免れるための「哲学する身体」の鍛錬の方法を提示してくれています。欠伸をし、伸びをし、関節をほぐし、遠くを見なさい、歩きなさい、あれこれ想像するのをやめなさい、と。

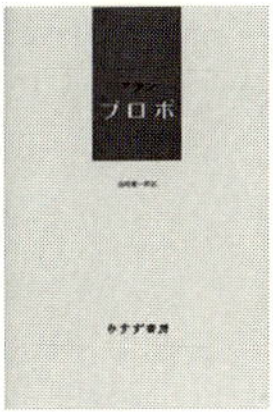

第6章

自立と依存
——哲学的考察の行方

……池田喬

二〇世紀も終わりを迎える頃、人間の「依存（dependency）」が哲学（の一部である倫理学や政治哲学）の世界で話題になり始めました。このように言えば、他者に依存することはよくない、いかにして依存から脱するか、という話かと思うかもしれません。たしかに、私たちの社会で依存が話題になる時、それはたいてい自立していない、というネガティブな意味で語られます。しかしこれとは逆に、依存に関する考察の深まりは、まさにこうした自立／依存観を修正して、依存を人間の不可欠な存在様式としてポジティブに再考するように迫ってきました。この文章の前半では、それらの議論を消化しつつ、依存からの脱出ではなく、（適切な）依存こそが自立の条件であるという別の思考法を示したいと思います。

ただし、依存の哲学には数十年ほどの歴史しかありません。ですから、課題もたくさん残されています。この文章の後半では、依存が自立の条件だという新たな考えにも、そもそも自立を目標とする人生観から依存の概念を解き放つべきだという問題提起もあることを紹介します。この問題提起に対するはっきりとした解答はまだ共有されていません。そこで、この問題提起にどう応答していくのかという点から、二一世紀の今、哲学をあらためて始めようとしている私たちの未来を展望したいと思います。

1　発想の転換

この数十年で依存が哲学的に議論され始めたと述べましたが、この時間幅は、哲学の歴史からすると驚くべき短さです。古代ギリシャに始まった西洋哲学の歴史は二〇〇〇年を超えます。しかもその間、哲学者たちは、自由、幸福、正しさなど、時と場所が変わっても常に人間の根本的関心だとされる問題をずっと議論してきました。この歴史的スケールで見ると、依存は「最新」の概念であると言えます。

哲学では人間生活に関わるどんなことでもテーマになりうるとしばしば言われます。では、なぜ依存はかくも長く哲学者の注目を浴びてこなかったのでしょうか。倫理学史家であるA・マッキンタイヤーはこれには理由があると言います。彼は、哲学の本に病気や障害を抱えた人が登場する場面を例に取り、その時、彼／女たちは道徳的行為者による「慈悲の可能的対象」(MacIntyre 1990, 2) としてたいてい扱われてきたと言います。他方、道徳的行為者のほうは「あたかも常に合理的、健康的で、悩みと無縁であるかのように」(ibid.) 描かれてきたとも指摘します。哲学が主たる関心を払ってきたのは、他者に依存することなく自立的に——それも他者に慈悲深く——ふるまう余裕のある人のありかた（ないし理想）であり、依存的な人のありかたはほとんど関心外にあったわけです。哲学の世界でも依存を自立の欠如態として見る風潮は長く続いてきたようです。

依存とは何かを新たに問うてきた哲学者の多くは「ケア」という人間の営みに光を当てようとしてきました。先に病気や障害が挙げられましたが、生活のなかで他者のケアに依存する人がいればその人をケアする人が必要です。歴史的に見ると、このケアの役割は慣習的に家庭内で女性たちが担ってきました。依存とケアのセットという観点から見ると、他者のケアに依存する人だけではなく、ケアを担ってきた女性たちの日々の実践や知恵も哲学の議論からこぼれ落ちてきたことが明白になります。というのも、古代ギリシャ以来、西洋の歴史を長く支配してきたいわゆる「公私二元論（public/private dichotomy）」においては、男性たちが「公共領域」で社会のことがらを議論する発言者として自らの知恵を競い合ってきたのに対して、「私的領域」で男性を含む家族のケアをする女性たちは男性たちと同じように公的領域に出現することができないでいたからです。[*1]

こうしてみると、メインストリームの哲学の歴史に欠けていたのは、長期の病気や障害のために依存的な人のありかただけでなく、依存的な人をケアする人、両者の関係、あるいはそもそも「依存している」という生の状態に対する考察だった、と言えましょう。しかしながら、「依存していること」は、あらゆる人間の生が無縁ではいられない普遍的な他者関係です。マッキンタイヤー、M・ヌスバウム、E・キテイなど、依存をシリアスに捉える論者が共通して指摘する通り、人生の最初と最後を典型として、誰もが人生のかなりの部分で不可避的に他者に依存して生きます。〈健康な〉大人であっても、風邪を引いたり体調を悪くしたりすることは通常のありかたであり、その時には多かれ少なかれ他者に依存せずにはいられません。依存を概念的に組み込むことのできない、人間の生についての哲学的考察が欠陥を含むことは確かだと思われます。

　こうした事情から、依存していることを、単なる欠如態としてではなく、人間の生の条件として積極的に再考することが求められています。ただし、ここで「生」と呼ぶものは、維持されるべき「生存」という意味には限定されません。依存を条件として成立すべきだと考えられているのは、生存が維持されるだけでなく、強制や支配によらずに、どこでどのように生きるかも自ら決定できるような自立的な生です（後に見るように、この決定という意味での自立には、通常「自律」の字が用いられます）。実際、たとえば、親の権力が強大で暴力も絶えない家庭で子どもの生存は維持されていた――生かされていた――としても、依存が強制や支配の状況である限り、その子どもが自律的・自立的に生きることは阻まれるでしょう。その時、人は自律・自立を奪われる状態に耐えきれずに、生存のほうを諦めることさえあります。しかし、そうした場合には、依存のありかたを変化させ、自律的・自立的に生きうるための依存の状況を――時には家庭の外に――作り出す必要があるでしょう。そのためにも、自律的・自立的な生の条件としての依存を適切に言語化し理解する回路を生みだすことは重要です。

　自立を阻むものと思われてきた依存は、強制や支配を伴わない望ましい状態に保たれるならば、ほかでもない自立的な生を送ることの条件です。このことを示そうとする狙いは、哲学の自己批判を促すことだけではなく、依存を軽視したりその意味を歪曲したりする思考法の蔓延によって

「自分がどう生きるかを自分で決定する」という基本的権利を奪われるという、この社会に頻繁に起こっている不幸を縮減することにも関わっているのです。

2 依存と自活

人間は身体的ニーズを充足することなしには生きられません。ところが、身体を「魂の墓場」と呼んだプラトン以来、西洋哲学の伝統では、身体的・動物的側面を人間にとっての不幸な制約とみなし、純化された魂や精神を得ることこそ真に人間的だという思想がしばしば表明されてきました。この身体的ニーズの克服は、善い生き方や徳をめぐる道徳哲学の問題であっただけでなく、政治哲学の問題でもありました。とりわけ、ケアや依存の論者たちは、一七世紀以降影響力を誇るようになった社会契約の考え方をしばしば批判しています。ヌスバウムはこう述べています。

社会契約という観念に基づく正義と道徳性についてのすべての理論は、一見無害だが実は極めて問題の多い帰結を伴う、虚構的な仮説を採用している。つまり、十分な能力をもつ成人という虚構である。この伝統の元祖となった論者たちの間にどれ程の違いが認められようと、その誰もが、本性的な状態において、「自由で、平等で、自立した」当事者の間の契約という、ロックの基本的発想を受け入れている。そのため、カントにとって、人格は自由と平等によって特徴づけられているのであり、社会契約はこのように特徴づけられた人格間の合意として定義されている。現代の契約説の論者は、はっきりとこの仮説を採用している。D・ゴティエにとって、例外的なニーズをもつ人々は、「契約説の理論によって基礎付けられた道徳的関係の当事者ではない」。同様に、ロールズの言う秩序ある社会の市民は、「生涯を通じて完全に社会的に協働する社会の成員」である。

(Nussbaum 2002, 188)〔強調引用者〕

もちろん、自由・平等・自立という考えが、人間の社会に果たした貢献の偉大さは疑いえません。ここでの焦点は、その人間社会なるものに誰が含まれるのか、にあります。ヌスバウムによれば、ゴティエやロールズのような現代の論者に至るまで、哲学者たちのこうした仮説は——その成人たちにどれだけの自由や平等をもたらしたとしても——際立って依存的な人たちを自立した市民から成る政治的領域から除外してきました。「市民」とは特別なニーズに煩わされることのない人なのです。また先に述べたように、ニーズをもつ人びとがいればその人びとのケアに従事する人びとが必要であり、ケアされる人を除外する社会ではケアする人も社会の陰に隠れがちです。そして、そのような社会では、誰もが無縁ではいられない不可欠な他者関係であるはずの依存が克服すべき欠如態として解される傾向があり、そこに、依存からの脱出としての自立を人間の普遍的目標と見なす、私たちに馴染みの考えが合流します。政治哲学者のI・M・ヤングが挙げる例を見てみましょう。

一九九九年に、ペンシルベニア州「貧困家庭一時支援（Temporary Assistance for Needy Families）」プログラム実施の第二回記念祭でスピーチを行った、二〇代半ばの女性のことです。二人の幼い子どもをもつシングルマザーの彼女は、公的扶助を受けていた日々を、そして、新しいプログラムのもと職業訓練を受けた後、生活保護を打ち切るに至った経緯を思い出しながら語りました。彼女は「自活（self-sufficiency）」への道のりを誇り高く語ったのです。この記念祭のスピーチでは、公的扶助の受給者たちは、「毎月のわずかな現金を受け取るには、自分の子どもをケアする必要があるだけでは不十分であり、国家は彼らが「作業活動」によってそのお金を「稼ぐ」ことを期待する権利があるという考えを受け入れているように見えた」（Young 2002, 40-41）と、ヤングは回想しています。

彼女が注目するのは、この種の福祉政策の不十分さや改善案が議論されることは多い一方、「福祉政策の基本的な仮定は正しいということには、政策立案者、サービス提供者、アカデミズムの研究者、当事者の間に奇妙な合意がある」（Young 2002, 41）ということです。つまり、「ほとんど誰もが、公的扶助の受給者は「仕事をする」必要があり、仕事をもつことが「働くこと」の唯一の意味であり、福祉プログラムの目標は人びとを「自活」できるようにすることだ、ということに同意しているように思える」（ibid.）。この場合、依存は自活が欠けている状態であり、依存からの脱出としての自活に達成されるべき人生の目標があると考えられています。

こうした理解はたしかに常識的で問題などないように見えます。しかし、ヤングによれば、こうした理解は当人にとっても社会全体にとってもためになりません。

まず、「仕事をもつ」ことのみが一人前の人の証だという考えは、フェミニストたちが指摘してきたように、家庭での日々のケア労働が人類に多大な貢献をしていることを過小評価しています。たしかに、職を得ることに自活の意味を還元する語りは、「誰もが社会貢献すべきだ」という価値観に訴えかけます。しかし、この意味での仕事だけが社会貢献なのでは明らかにありません（Young 2002, 42）。

さらに、重要なことに、福祉政策において前提される自活の理念は、ケアされる者だけでなくケアする者にも「依存者」のレッテルを貼りがちです。「二次的依存」（キテイ 2010）と呼ばれるように、ケアを必要とする子どもをケアする人が「仕事をもつ」ことは困難であり、シングルマザーであれば公的扶助に、多くの家庭では女性が男性に経済的に依存しています。賃金を稼ぐ仕事だけが働くことの意味である場合、依存の否定的意義は無償のケアを標的とするようになります。日々のケア労働に従事することが過小評価どころか非難にまでさらされるのは明らかに不当です。

さらに、先の社会契約の仮説によれば、依存的であることは社会の真正な成員でないことを意味しますが、この発想は、ケア労働ゆえに公的扶助や配偶者に二次的に依存する人にも、自分は公で意見を述べうるような主体ではないという〈二流市民〉の意識をもたらしがちです。*2 しかし、経済的な立場や影響力の違いに政治的主体としての発言力が左右されるという事態は、民主主義の基本に反しています。

最後に、職を得ることに「働くこと」の意味を還元し、自活しているか否かを社会的地位の基準にする言説は、労働者一般に悪しき結果をもたらします。公的扶助の目標は一人一人が自活することだという場合、受給者が、仕事の内容や質、自分にとって「意味のある仕事」かどうかを吟味し選ぶことなどは贅沢な願いだと見なされ、特定の仕事を拒否することが困難になるでしょう。また、自活が社会的地位を保証する以上、仕事を失うことへの恐怖が高まり、労働環境に対する抗議がむずかしくなって、雇用者側の権力が一方的に高まるでしょう（cf., Young 2002, 55）。

自活の観念は、依存を恥ずべきものとして意識させることで、これほど多くの問題を引き起こします。にもかかわらず、なぜこの観念はケア労働を行う当事者にさえも受け入れられがちなのでしょうか。

3　自活と自律

この問いに対するヤングの考察をさらに追跡しましょう。彼女は、「権利として理解されるべき自律（autonomy）」と「規律化する不可能な理想としての自活」が混同されており、しかも、「自活」のレトリックが「自律」というそれ自体は積極的な価値に寄生しているという観点からこの問いに答えようとしています。では、自律とは何のことでしょうか。大きく言って二つの意味があります。

第一の意味は、道徳的行為に対するカントのアプローチに由来する「道徳的自律（moral autonomy）」（Young 2002, 45）です。この意味での自律とは、行為、判断、人格が合理的と見なされるための条件であり、吟味されていない伝統や権威による支配などの他律的な影響から自由であるための条件です。この意味での自律は一つの「徳」（ibid.）であり、多くの人は達成していません。

第二の意味は、「個人的自律（personal autonomy）」（ibid.）と呼ばれるものです。「個人的自律」は、「個人の自由と自己決定の条件」に関わります。ヤングは、この自律を「いかに自分の人生を生きたいかという自分自身の計画と目標を決定できること」（ibid.）と捉えます。個人的自律は概念的には「自由（liberty）」（ibid.）に近いものであり、平等な市民から成る民主主義社会では、自分の人生をコントロールする「権利」として受け取られねばなりません。

自活が人に訴えるのはこうした自律の価値を彷彿させるからでしょう。しかし、第二の意味の自律を考察するとわかるように、まさに自活の観念によって自律は脅かされているのです。ヤングによれば、合衆国では福祉政策が深刻な仕方で人々から自律を奪っています。すなわち、「国家は、あなたは援助を受けているのだから、どのようにあなたが生きるか、さらにどこで生きるかについて特定の条件を定めることができる、と主張する」（Young 2002, 46）。この主張によれば、経済的に自活していなければ自律と自由の権利はなく、その人が「どこでどのように生きるか」

は国家が決定できます。自活は自律と同義ではなく、むしろ自律のための条件として課されているわけです。この条件下では、生活困窮者にとって自活は——自律を取り戻すという第一目標のための——目標になりえます。しかし、問題は、この自活の観念によって、無条件の「権利」であるはずの自律が条件次第では制限されて良いという主張が正当化されていることです。自活のレトリックは自律の基本的な意義を脅かします。

こうした自活のレトリックを、日本の文脈で理解するためには、なぜ野宿や障害の当事者がしばしば「自立支援施設」への入居を断るのかを考えると良いかもしれません。自活のための支援を名目とする施設は、しばしば当人の希望とは無関係の規則だらけの場であり、「どこでどのように生きるか」の自己決定を奪うものと感じられます。規則の存在が正当に思えるとすれば、「あなたは援助を受けているのだから、どのようにあなたが生きるか、さらにどこで生きるかについて特定の条件を定めることができる」という自活論を暗に受け入れているからでしょう。しかし、そもそも自律が自己決定にかかわるものである限り、この点が犠牲になるならば——施設の〈質〉がどれ程高められようとも——「自立支援」にはならないはずです。たとえば、「障害者自立生活運動」は、障害当事者が生存を全うするための物的・人的支援を供給するように社会に求めるものですが、ここで自立とは、生活の当事者である障害者が施設やケア提供者の都合に振り回されずに、日々どのように生きるかを自己決定する権利を主張するものです。したがって、規則だらけの施設での「自立支援」は「自律」を求める「自立生活」には結びつきません。*3 さらに、野宿者の場合には、「ホームレス緊急一時宿泊施設（通称シェルター）」や「自立支援施設」への入居を拒むと、行政代執行（強制排除）によって、所持品を奪われて仲間と切り離されることもあります。ヤングの議論に従えば、これも自立支援という名のもとに「自律」の権利が侵害される例に入るでしょう。[*4]

経済的に自活していても、「意味のある仕事」だと思えない場合に意見を言えなかったり、望まない転勤や異動を拒めない状況があったりする時には、「どこにどのように生きるか」を自分自身で決定するという意味での自律を奪われた状態にあります。このことも、元来権利であるものを行使できない状況に置かれる人が少なくない状況では、一般的な問題として銘記しておくべきだと思われます。

自活は自律の同義語ではありません。むしろ、自活の欠如としての依存という観念は、万人の権利であるはずの自律を奪う結果をもたらします。自律が自由な市民のあるべき姿なのであれば、自活のレトリックにはこうした生の享受そのものを脅かす危険があります。

4　自律と相互依存

ヤングは、自活か依存かという対立の代わりに、自律と「協力的な相互依存（inter-dependency）」（Young 2002, 46）の結びつきを基礎に据えることを提案しています。自律とは権利であり、誰もが自律的である権利を有します。しかし、たとえば、「障害をもった人は、自律的に機能する（function）ために固有な資源、道具、人的ケアを必要とする。無償の労働をする人びとは、生活と休息の手段を供給される必要がある」（ibid.）。それ以外の人も、技能や理論を学んだり、権利交渉のやりかたを学んだりできれば、自律的な能力を高めることができるし、逆にこれらが欠ければ自律性は低下するでしょう。適切な資源や他者からの支援を受けることは「自律的であることの通常の条件」（Young 2002, 47）であり、欠如的なものでも克服すべきものでもありません。

ここでヤングは断っていませんが、「自律の条件としての協力的な相互依存」という考えは、「機能する」といった用語法からして「ケイパビリティ・アプローチ（capability approach）」に類似しています。この点を補うことは、自活と自律の違いという論点をよりはっきりさせるでしょう。

ケイパビリティ・アプローチは、一九八〇年代から（後にノーベル賞を受賞する）経済学者のA・センが展開し、哲学ではヌスバウムが論じて影響力をもつようになった考えです。「機能（functioning）」とは、自由に選択された行為や生き方が本当に実現することですが、そのためには資源や財を活用する必要があります。たとえば、早く移動するという行為の実現には、自転車などの道具が必要でしょう。ここで重要なのは、自転車の可動性という性質を移動の機能へと変換できるかどうかは人それぞれだということです。自転車があっても、ある障害がある人には移動に結びつかないかもしれません。しかし、車椅子であれば移動を実現できるでしょう。さらに、電動車椅子でなければ車椅子を押す人がいなければ移動できない人もいます。機能は、道具や他者の支援の適切さによって高められたり低められたりします。[*5]

ケイパビリティは、「その人が何をすることができ、何でありうるのか」という問いの答えにあたるものですが、その「何」を選ぶのは個人の自由だという点をヌスバウムは強調します(Nussbaum 2011, 20)。自活のレトリックが、依存している限り自己決定の権利は制限されるとするのに対して、ケイパビリティ・アプローチでは、個々人には「どのように生きうるか」を選択する自由があり、福祉政策や、一般に依存状況の整備のほうが個人の多様性を中心に構想されるべきです。ところが、「自立支援」と呼ばれる――実際には「自活」のための――政策は、しばしば逆に人びとを一元化し、多様性を制限しがちです。自転車を提供することが人によってはまったくポイントを欠くことがあるように、シェルターに入居することが、自分が「どのように生きうるか」という問題にとって支援となる人もいればならない人もいるのであり、後者の人に対する支援はまったく別のものになるかもしれません。[*6] 現状では、地方公共団体の代わりに境遇を共にする者や有志がこうした支援をボランティアで行っていることは少なくありません。地方公共団体は、個人の多様性を損なわないような支援を自ら実現できない限りは市民の自発的支援を少なくとも容認する必要があるでしょう。[*7] というより、個人の多様性は一律の対応とは相容れない限り、支援の主体を一元化することはもとより不可能であり、分散化こそ社会の課題だという考え方もあります――「依存先の分散」の論点として次節でふれます。

自律の概念から失われるべきではないこの個人性や多様性の観点は、自活のレトリックにおいては奪われています。しかしこれらの価値こそ、元来、「自由で、平等で、自立した」個人という理念の根にあったものです。自活のレトリックを排して依存から考え直すことは、この理念を放棄することではありません。むしろ、これまでの考察から見えてくるのは、まさにこの理念を実現できるような依存のありかたを再構想する必要です。自立の欠如態としてではなく自立の条件として依存を語る思想を生みだすことは、西洋哲学史という広大な文脈の中で重大であるだけでなく、現在の社会生活において生じる自律の権利への侵害を減らすためにも要請されています。逆に、「十分な能力をもつ成人という虚構」によって自立した個人のありかたを一元化してしまうと、ほかでもない自由な個人という自らの理念を裏切ってしまうのです。

5　共依存——依存の集中と分散

これまでの議論からは、「自立の条件としての依存」とは、「どこでどのように生きうるか」についての個人の構想を実現するような仕方で、個人や集団が必要な財や支援を互いに供給するありかただと言えましょう。

しかし、この「協力的な相互依存」は所与ではなく、自律が獲得されたり失われたりする権利であるのと同様に、実現し損ねることもあります。言い換えれば、「依存」は支配や隷属という仕方で自立を阻むものでありえます。たとえば、「シェルター」への入居を拒む野宿者が、地方公共団体への依存を拒むのは、そこでの関係が真正の支援ではなく管理や支配だと感じられるからです。しかし、このように拒める場合はまだましかもしれません。さらなる問題は、依存が歪んだ関係になっていても、別のところに支援者がいるという状況がないと、拒否できずに受け入れるしかなくなる、ということです。

この閉塞した依存関係に対する適当な概念は、「相互依存」に似ていますが、まったく異なる意味をもつ「共依存（co-dependency）」でしょう。「共依存」はアルコール依存症の治療の現場から出てきたもので、いわゆる哲学者の議論からは離れますが、深い含蓄があります。

典型例として、アルコール依存症の夫の挙動に日々恐れをなすことを強いられている妻が、それでいて、暴力や暴言を受け止めることも含めて夫のケアに徹底的に従事する状態が挙げられます。信田さよ子によれば、この時、アルコール依存症者は、「お前がいなければ生きていけない」というメッセージとともに完全に妻のケアに依存していますが、妻も夫のメッセージに「私がいなければ夫は生きていけない」という意識で応え、夫から離れなくなります（信田 2012, 58-59）。この信田の本の解説を書いた熊谷晋一郎は、「私なしにはあなたは生きていけない」という状況が「ケア供給の独占による支配」（熊谷 2012, 206）に転じてしまう構造を、障害者自立生活運動の歴史に結びつけています。

かつて身体障害者は、家族、とりわけ母親からのケアに依存するしかない状況に置かれていた。母親によるケアの独占は、誰しもが子どもの頃に経験するものだが、多くの健常児は成長するにつれて母親以外の場所からケアを調達できるようになり、依存度の偏りを小さくしていく。しかし、身体障害をもった子どもの場合にはこの移行がスムーズにいかない。障害者へのケアが母親に押し付けられる時代背景の中で、母親がケアを独占し、共依存に陥るのはむしろ必然だった。そして、一九七〇年代初めにアメリカで始まり、一九八〇年代を通じて国際的な広がりを見せた身体障害者による自立生活運動は、それまで家族や施設に独占されていたケアの調達ルートを地域や市場へと開いた。

（熊谷 2012, 207-208）

熊谷は、共依存から「自立生活」への道を、家族や施設によるケアの独占から「ケアの調達ルート」を外部に開くことに見ます。ケア受給者とケア提供者の依存関係は、たとえケア受給者にどれほどの努力や愛情があっても、外部がなくケアが「独占」されるという構造的な「支配」に陥った時、自律を阻む可能性があるということでしょう。家族の場合も施設の場合も同様です。

個人の生き方を決定するべく選択するには、複数の選択肢がなくてはなりません。すると、自律的な生の条件となる「協力的な相互依存」にとって重要な要件は、依存先が独占されずに複数存在することでしょう。熊谷は目が覚めるような指摘をしています。

多くの人は、「健常者は特別なケアがなくても自立して生きていける強者であり、障害者は特別なケアに依存しなくては生きることがままならない弱者だ」とみなす。そして「自立」と「依存」が対義語であるかのようにとらえがちだ。しかし実際は障害のあるなしにかかわらず、私たちの生活は膨大なケアに依存することで可能になっている。健常者とは決してケアなしに自立できる存在などではなく、すでに物的・人的環境によって十分にケアを受け、依存できている存在なのであり、いっぽう障害者とは、いまだに十分なケアを受けておらず、周囲に依存できていない存在だといえる。(…)そこに存在しているのは、自立と依存の対立ではなく、依存度の分散と集中、もしくはケア調達資源の豊富さと貧弱さ、という対立だ。

(熊谷 2012, 204-205)

熊谷は「依存先の分散と集中」を次の例で説明しています。仕事場で災害にあった時、健常者は、エレベーターが壊れていたら、エスカレーターを、エスカレーターが壊れていたら階段を使って逃げられます。他方、車椅子を使う障害者は、エレベーターが壊れていたら他に逃げる手段がありません。前者においては、依存先が分散しており、十分に周囲に依存することで自由に行為できます。後者においては、依存先が集中し、周囲に依存できないことで自由が制限されます。[*8] もっとも後者においても、車椅子ごと運んでくれる人を見つけられたり、オフィスを一階にしてもらったりするなど、人的ケアを多方面から調達し、周囲に依存できれば、自分の生活に対するコントロールは高まります。

自律の条件としての「協力的な相互依存」とは、このようにケアの独占や依存の集中を解除し、ケアの調達先を豊富にして依存を分散させることだと考えられます。その分散ネットワークは、さまざまな事物（財）、他人、施設などに関与しながら個人が生きる状況そのものだと言えるでしょう。逆に、アルコール依存症者の配偶者への依存、自立支援施設での管理の望まない受け入れ、障害者の親や施設への依存など、自律を妨げる依存に共通するのは依存の一極集中であり、外部からの孤立によって分散への糸口が見いだせないことです。

6　相互依存と一方向的依存——依存の哲学のジレンマ

ヤングが自活／依存に代わって自律／協力的な相互依存と呼んだものについて、ケイパビリティ・アプローチや共依存との比較を通じて考えてきました。しかし、依存を積極的に捉えるこの考え方も完璧なわけではありません。これまでの考察を自己批判的に吟味してみましょう。協力的な相互依存という概念には、依存が自律の条件であるとしながら、同時に、依存関係はすでに自律した個人間に生じるものと考えられている、という循環が疑われないでしょうか。

熊谷は、「ケア調達ルートの分散度」に恵まれている人を「権力の持ち主」（熊谷 2012, 206）とも言いかえています。この資源には、地位や役割、知識やリテラシー、さらにはケアをしたくなるようなチャーミングな容姿や頼りにできる人とのつながりなども含まれるからです。これらの資源に恵まれなかった場合には、ごく限られた調達ルートのみに依存が集中し、「このルートがだめだと生きていかれない」と生活を脅かされてしまいます（ibid.）。この場合には、支配に対する抵抗力が低下し、自律も困難になるでしょう。そうだとすると、実は、相互依存を条件とした自律とは、平均的な身体特性で、それなりの家庭に生まれ、それなりの教育を受けた、要するに、「十分な能力をもった成人という虚構」の想定する人にあわせた考えなのかもしれません。依存的なあり方を考察から締め出してきた伝統に反対する議論が、同じことを繰り返す危険はないでしょうか。

キテイはこの点を指摘しました。彼女は、無力な子どもを親がケアするような「（一方向的）依存（dependence）」の概念を「相互依存（interdependence）」の概念に先行させるべきだという考えを表明しています。自立を前提しない依存概念です。

> 次のような批判がある。なぜ極端な依存にだけ焦点を当てるのか。依存というものは、母親業を担う人に依存する幼い子どもの事例にのみ見いだされることではない。上司は部下に依存している、都市生活者は農村に依存している、農民は電気工事人に依存している、大学教員は建物の清掃人に依存し、その清掃人は技術者に依存している、というように延々と続いている。私たちは、みんな相互依存している（interdependent）ではな

いか。

私が言いたいのは、その相互依存は一方向的な依存から始まるということだ。（…）ある時点までは、あるいはある時点からは、相互依存ではなく、一方的に依存するのだ。この依存を社会的・政治的関心から排除することによって、私たちはすべて自立しているという見せかけ、人々の間の協働というのは、（相互依存的であるとしても）本質的に自立した人々の（しばしば自発的な）協働であるという見せかけが作り出されているのだ。本書で議論するのは、依存を相互依存としてひとくくりに語るなら、私たちの人生の相当な期間と世の中の多くの人々を平等の領域から締め出してしまう、ということである。（…）私たちの相互依存を否定するというよりはむしろ、自立という虚構にメスを入れられるような鋭い議論をすることが私の目的である。

（キテイ 2010, 12-13）

万人は「誰かの子ども」だったという事実から「一方向的依存」の次元を思い出させようとするキテイの狙いは、相互依存的な協力関係なるものが実は自立した成人という人間像を前提しているることへの批判にあります。この主張の背景には、キテイの娘セーシャが重度の精神遅滞者であり、相互協力に求められる「十分な能力」をもつこともないだろうということがあります。

ここでは相互依存と対をなす自己決定という意味での自律の概念は有効ではありません。一方向的依存は自律を目標にする概念ではないのです。しかし、セーシャのような人は存在します。

協力的な相互依存の概念には、一方向的依存の関係にならざるをえないこうしたケースから目を背けていく危険があります。相互依存概念への批判はヌスバウムにも向けられていると思われます。実際、彼女はキテイに対してこう述べています。

「誰かの子ども」であることが適正な社会の市民に対する十分なイメージだろうか。私たちはもっと多くを必要とすると私は思う。自由と機会、人生計画を構想するチャンス、独力で学んだり想像したりするチャンスなど。（Nussbaum 2002, 196）

ヌスバウムが列挙している事柄は自由な市民に必要であるように聞こえます。しかし、人生計画や独力での学習などはセーシャには望めません。その限り、この要求はやはり（ヌスバウム自身の言葉で言えば）「十分な能力をもつ成人の虚構」の枠内にあるとキテイには思えるでしょう。自立の条件としての依存を探り当てた後にも難しい問題が見いだされます。

7　今後の課題——哲学的考察の行方

その後、ヌスバウムはキテイの考えを受け入れました。永久的植物状態の人などとは異なり、重度精神遅滞者には、ケイパビリティを開花させるための資源や人的ケアの分配——例えば、教育上の特別支援——を受ける権限があるとし、両者の違いを「人間の親の子どもであり、少なくとも何らかのかたちで能動的に得ようと求めること（active striving）ができる」点に求めています（Nussbaum 2011, 24）。これで一件落着したように見えます。しかし、私には課題が多々残されているように思えます。

キテイとヌスバウムの論争は、当面は平等をめぐる政治哲学上の議論に特化したものです。ですが、重度精神遅滞者を平等の領域から締め出すことへのキテイの抵抗は、そうした子どもの親であること、その子どもが生きる姿を間近で見てきたものの経験に深く根ざしています。その経験の意味はこの論争の焦点ではないですが、哲学のあり方自体への問題を提起しているように思われます。

まず、認識論的な問題です。重度精神遅滞者の方が「能動的に得ようと求めている」かどうかをどのように知るのでしょうか。そういう問題は、脳科学や医学が解明すべき問題で、哲学者はその結果に忠実であれば良いと思うかもしれません。しかし、そう考える時、哲学者は、これらの科学の助けがなくても探究できそうな人間のありよう、つまり「十分な能力をもつ成人」だけを人として論じるという罠に再びはまるでしょう。今後、依存の哲学は、認識論的な困難をただ避けるのではなく、これを解消できるような方法と概念を身につける必要があります。

この点は倫理学や政治哲学上の争点にも関係します。キテイは、重度精神遅滞者に人格性は認められないと考える（著名な倫理学者の）P・シンガーに、自分の娘たちに実際に会いに来るように勧めたことがあります。シンガーは関心を示しませんでした。彼にとって、精神遅滞者の生の事実を教えてくれるのはＩＱテストや脳科学のデータであり、自分の目で見て自分の耳で聞くような経験ではないからです。それに対して、キテイは、自らが論じている対象を自ら知る「認識上の責任」と、自らが知らないことを知らないと認める「認識上の謙虚さ」の欠如のかどで、シンガーを批判しました（Kittay 2010）。

キテイの立場は、倫理学や政治哲学の立論自体にその著者の経験知が重要な関連性をもつという主張を含意しています。もちろんこの経験知は単なる体験とは違わなくてはなりません。偏見や思い込みから守られる必要があるからです。理論に反映できるような経験知の獲得には時間がかかるでしょう。すると、哲学者は自らの主張のために自己の経験知を磨くことが必要になります。[*9] 依存の哲学がこうした道を避けられないなら、その哲学は現場性・臨床性を高めることになるでしょう。

キテイは、娘セーシャに「十分な能力」はないと説得する哲学者たちに対し、たしかに物事の理解はできないように見えても、彼女には人びとに対する感受性があり、音楽に顕著に反応することを指摘しています（Kittay 2005, 128）。物事への愛好があることは現場の知からは時に明らかなのです。

愛好が人格性の要件を満たすかどうかも議論になりえますが、その点に同意があっても、「いや、そう見えるだけで本当は愛好などないかもしれない、脳内で何が起きているのか、科学的証拠を待たねば何も言えない」といった反応がなお予想されます。では、もしあなたの（「健康的」な）友人が同じ曲を聴くたびに歓声をあげて嬉しそうに踊っている時にも同じことを言うでしょうか。きっと言わないでしょう。なぜなら、その歓声と踊りのなかに愛好は表現されているからです。重度精神遅滞者の場合には、なぜ違うと考えるでしょうか。きっと、友人は理解能力があるので愛好もある、セーシャの場合には理解能力がないので愛好の存在も疑わしいと推理しているのでしょう。しかし、ある対象について理解能力があることと、その対象について感情をもつこととは別です。数学の問題集を理解できなくても、見るだけでいつもうんざりすることがあるように、理解能力がなくても感情は存在できます。ですから、仮に障害のことを知らずにセーシャが音楽に反応しているのを見たら、彼女がその音楽を好んでいることに何の疑いももたないかもしれません。しかし、その姿を見ることは自分で経験するしかありません。ＩＱテストの結果にその姿は現れません。

依存の哲学を経た現在、平等の領域から締め出されてきた「人生の相当な期間と世の中の多くの人びと」について自ら知る意欲、知恵、方法をもたずに、「人間とは何か」を解明すると自称するような哲学にはもう戻れません。やり残されたことがたくさんあるから、今、哲学をあらためて始めなくてはならないのです。

註

＊1——公私二元論について詳しくは、岡野2012を参照。

＊2——日本のケースについて、ルブラン2012を参照。

＊3——自立生活運動が依拠する障害の「社会モデル」には、「生活のために必要なケアを提供することは、障壁の除去と並び社会の側が負うべき責務とされているが、そこには、生活を送るために必要なケアを権利として社会に求めることができていても、そのケアに対してのコントロールが、生活者であるケアの利用者側にあるのではなくては、「自立した生活」とはいえない、という前提がある」（岡部 2006, 29）。

＊4——例えば、大阪城公園で野宿する大和氏（仮名）はこうした状況を簡潔に言い表している。「〇五年一一月と一二月、〇六年一月に大阪市の公園事務所職員と面談の機会をもった。自立支援センターという施設に入らないかということだった（ただし、口頭による説明のみで資料等を示されることはなかった）。このような話をすると、「ほな、入ったらええねん」と思われるかもしれない。だが、ここの入所期間は三ヶ月であると仲間から聞いていた。三ヶ月という期間をどのようにみるかは人それぞれであろうが、現実問題、若者でも職がないご時勢のなか、六〇歳前後の初老男性が仕事をみつけるにはあまりにも短い。それまでにも何度となくハローワークなどにも通ったが門前払いされることすらあった。その程度の期間で仕事がみつかるのであれば野宿など続けてはいないだろう。精魂込めて作ったテントを壊され、長い間かけて集めた生活必需品のほとんどを捨て、規則だらけの施設で三ヶ月過ごしたとしても、仕事がみつからなければ今度は文字通り裸一貫で野宿に戻るしかない。そうすると、また一から生活必需品を集めるところからはじめるしかないのだから、状況は悪化することになる。イチかバチかで施設に入るのがまたいいのか、低空飛行であっても一応安定している野宿生活を続けるのがいいのか。冷静に考えれば明らかで

あろう」（大和 2010, 142)。

＊5――この例はロールズの「基本財」を批判したセンの論文「何の平等か」（セン 1989）の説明によく用いられる。なお、ケイパビリティ・アプローチと障害者自立生活運動における自立概念の両方に言及したものとして河野 2013を参照。

＊6――＊4の大和氏の場合、公園の環境でテントの仲間と共存するよりも、施設での「自立支援」は高齢男性である自分の場合には人生の状況を悪化させるという見通しから施設への入居はしない、という個人的選択がなされている。

＊7――二〇一四年以降、年末年始の公園でボランティアが続けてきた野宿者への無料での食事提供を、公園封鎖によって不可能にする渋谷区の対応が話題になっている。

＊8――この例は熊谷氏の論考にしばしば登場する。「依存先の分散としての自立」については同名の論文がある（熊谷 2013)。

＊9――経験知を高めるとはどういうことか。ドレイファス兄弟は、既存のルールに単に従う段階から自らの判断で状況に適った行為を遂行できる段階までを追跡する、技能習得の五段階モデルを提示した（S. Dreyfus and H. Dreyfus 1980)。このモデルは看護教育や人材育成の分野などで幅広く活用されているが、経験を通じた道徳的成長とその経験の自己理解の深まりについて考えるためにも有益である。

文献

Dreyfus, S and Dreyfus, H. 1980. “A Five-Stage Model of the Meutal Activities Involved in Directed Skill Acquisitioɿ.” Operations Research Center, University of California, Berkeley.

Kittay, E. 2005. "At the Margins of Moral Personhood." In *Ethics* 116.
Kittay, E. 2010. "The Personal is Philosophical is Political: A Philosopher and Mother of a Cognitively Disabled Person Sends Notes from the Battlefield." In Kittay, E. and Carlson, L. (eds.), *Cognitive Disability and its Challenge to Moral Philosophy*, Wiley-Blackwell.
キテイ、E 2010.『愛の労働あるいは依存とケアの正義論』(岡野八代・牟田和恵ほか訳)、白澤社、二〇一〇年。
熊谷晋一郎 2012「〔解説〕共依存概念がケアを斬る」、信田さよ子『共依存』朝日新聞出版。
熊谷晋一郎 2013.「依存先の分散としての自立」、村田純一編『知の生態学的転回2 技術:身体を取り囲む人工環境』東京大学出版会。
河野哲也 2013.「自立をめぐる哲学的考察」、庄司洋子・菅沼隆・河東田博・河野哲也編『自立と福祉——制度・臨床への学際的アプローチ』、現代書館。
ルブラン、R. 2012.『バイシクル・シティズン——「政治」を拒否する日本の主婦』(尾内隆之訳)、勁草書房。
MacIntyre, A. 1999. *Dependent Rational Animals: Why Human Beings Need the Virtues*, Open Court Publishing, Company.
信田さよ子 2012.『共依存——苦しいけれど、離れられない』、朝日新聞出版。
Nussbaum, M. 2002. "The Future of Feminist Liberalism." In Kittay, E. and Feder, E. (ed.) *The Subject of Care: Feminist Perspectives on Dependency*, Rowman & Littlefield Publishers.
Nussbaum, M. 2011. *Creating Capabilities: The Human Development Approach*, Belknap Press of Harvard University Press.
岡野八代 2012.『フェミニズムの政治学——ケアの倫理をグローバル社会へ』、みすず書房。
岡部耕典 2006.『障害者自立支援法とケアの自律——パーソナルアシスタンスとダイレクトペイメント』、明石書店。
大和重雄〔仮名〕2010「〔当事者の視点〕「何かええ方法がみつかったはずや」」、小久保哲郎・安永一郎編『すぐそこにある貧困——かき消される野宿者の尊厳』、法律文化社。
セン、A 1989.『合理的な愚か者——経済学的=倫理学的探究』(大庭健・川本隆史訳)、勁草書房。
Young, I. 2002. "Autonomy, Welfare Reform, and Meaningful Work." In *The Subject of Care*.

【読書案内】

以下の三冊は、論文に登場した三人の米国の哲学者の著作です。米国（にもちろん限られませんが）では、論文で言及したような、ケア、差別、ジェンダーなどに関わるアクチュアルな問題に取り組むことを哲学者の重要な使命だと考えるのが（哲学者以外の人びとの間でも）一般的ですが、日本では今でも哲学のこうした側面はあまり理解されていません。以下の本などを通じて哲学のイメージがアップデイトされることを望みます。

ヌスバウム『正義のフロンティア——障碍者・外国人・動物という境界を越えて』（神島裕子訳、法政大学出版局、二〇一二年）

ヌスバウムは、ギリシャ悲劇の研究からスタートしました。その後、アリストテレスの自然哲学を取り入れた独自のケイパビリティ・アプローチを提示して、近代政治哲学の見直しと変革を求めてきました。古代ギリシャの英知を正義や平等をめぐる最先端の議論に合流させる力量は高く評価され、二〇一六年には京都賞（思想・芸術部門）を受賞しました。この本は、従来の近代哲学の代表的議論においては周縁化されがちな存在を、政治哲学の内部で正当に扱うやり方をケイパビリティ・アプローチの立場から明らかにし、「正義のフロンティア」を未来の哲学・倫理学のために拓いていきます。私が論文で示唆した「哲学的考察の行方」を展望するための手がかりが詰まった一冊です。

ヤング『正義への責任』（岡野八代・池田直子訳、岩波書店、二〇一四年）

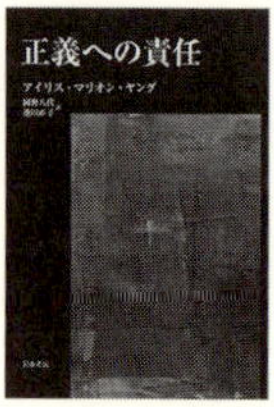

「差異の政治学」の論客として著名なヤングですが、彼女には典型的な政治哲学者のイメージに収まらない面がありました。「女の子みたいに投げること」「自分自身の部屋」といった論文が収められた本（*On Female Body Experience: "Throwing Like a Girl" and Other*

Essays, Oxford U.P. 2005.）では、ハイデガー、メルロ＝ポンティ、ボーヴォワールなど独仏の実存主義的現象学を取り入れ、日常の生活経験にひそむジェンダー構造や抑圧のありかたを丁寧に分析しました。適正な政治のビジョンをもち、鋭い論理で読み手を説得すると同時に、（時に感動的なまでに）日々の経験の微細な意味を捉えて細やかに描写する表現のスタイルをはじめ、彼女は多くの人にとって哲学者の貴重なロールモデルでした。彼女の著作の唯一の翻訳書である本書は、二〇〇六年の彼女の死後に出版された遺作で、ヌスバウムが諸言を書いています。過去の罪を責めるのではなく、来るべき社会変革の責任を分有する政治的主体のビジョンを示した「社会的つながり」モデルは、空しい自己責任論にはうんざり、本物の民主主義に飢えている、という現代の人びとに深く響くはずです。

シンガー『実践の倫理』（山内友三郎・塚崎智監訳、昭和堂、一九九九年）

論文のなかでキテイの論敵として登場したシンガーは、世界的に最も著名な倫理学者の一人であり、一九七〇年代に出版された本書は現代倫理学の古典として読み継がれるロングセラーです。同時期に出版された『動物の解放』（人文書院）は、功利主義の立場から工場畜産や動物実験の道徳的問題をえぐり出し、動物解放運動に多大な影響を与えました。本書は、動物の問題だけでなく、貧困、環境破壊、妊娠中絶、安楽死といった幅広いテーマに首尾一貫した立場を示した体系的著作です。私は学部生の頃にこの本に触れ、部分的に人生を変えられるくらいのインパクトを受けました。その理由は、いま思えば、かくも難しい道徳的問題にかくも明晰な論理で主張を導けるのか！という驚きにあったと思います。その後、キテイを含め、私はシンガーに批判的な論者に共鳴するようになりましたが、それも若き日のシンガー・ショックを自分なりに消化しようと努力した結果だと感じています。人生の早い時期に読んで欲しい（そして、読めるくらいに平明な叙述の）一冊です。

著者略歴

池田喬（いけだ・たかし）

1977年生まれ。明治大学文学部心理社会学科哲学専攻専任准教授。博士（文学）。東京大学大学院人文社会系研究科博士課程修了。著書に『存在と行為——ハイデガー『存在と時間』の解釈と展開』（創文社）ほか。

垣内景子（かきうち・けいこ）

1963年生まれ。明治大学文学部心理社会学科哲学専攻専任教授。博士（文学）。早稲田大学大学院文学研究科単位取得満期退学。著書に『「心」と「理」をめぐる朱熹思想構造の研究』（汲古書院）、『朱子学入門』（ミネルヴァ書房）。

合田正人（ごうだ・まさと）

1957年生まれ。琉球大学専任講師、東京都立大大学専任助教授を経て、現在明治大学文学部専任教授。西洋思想史、ユダヤ思想史専攻。著書に『入門ユダヤ思想』（ちくま新書）ほか。

坂本邦暢（さかもと・くにのぶ）

1982年生まれ。明治大学文学部心理社会学科哲学専攻専任講師。博士（学術）。東京大学大学院総合文化研究科博士課程満期退学。著書に *Julius Caesar Scaliger, Renaissance Reformer of Aristotelianism* (Brill).

志野好伸（しの・よしのぶ）

1970年生まれ。明治大学文学部心理社会学科哲学専攻専任教授。博士（文学）。東京大学大学院人文社会系研究科博士課程修了。共著書に『キーワードで読む中国古典3　聖と狂——聖人・真人・狂者』（法政大学出版局）ほか。

明治大学リバティブックス

いま、哲学が始まる。

明大文学部からの挑戦

2018年5月15日　初版発行

著作者……………… 池田喬、垣内景子、合田正人、坂本邦暢、志野好伸

発行所　明治大学出版会
〒101-8301
東京都千代田区神田駿河台1-1
電話　03-3296-4282
http://www.meiji.ac.jp/press/

発売所……………… 丸善出版株式会社
〒101-0051
東京都千代田区神田神保町2-17
電話　03-3512-3256
https://www.maruzen-publishing.co.jp

ブックデザイン………… 中垣信夫+中垣呉

印刷・製本…………… モリモト印刷株式会社

ISBN978-4-906811-26-7 C0010

新装版〈明治大学リバティブックス〉刊行にあたって

教養主義がかつての力を失っている。
悠然たる知識への敬意がうすれ，
精神や文化ということばにも
確かな現実感が得難くなっているとも言われる。
情報の電子化が進み，書物による読書にも
大きな変革の波が寄せている。
ノウハウや気晴らしを追い求めるばかりではない，
人間の本源的な知識欲を満たす
教養とは何かを再考するべきときである。
明治大学出版会は，明治20年から昭和30年代まで存在した
明治大学出版部の半世紀以上の沈黙ののち，
2012年に新たな理念と名のもとに創設された。
刊行物の要に据えた叢書「リバティブックス」は，
大学人の研究成果を広く読まれるべき教養書にして世に送るという，
現出版会創設時来の理念を形にしたものである。
明治大学出版会は，現代世界の未曾有の変化に真摯に向きあいつつ，
創刊理念をもとに新時代にふさわしい教養を模索しながら
本叢書を充実させていく決意を，
新装版〈リバティブックス〉刊行によって表明する。

2013年12月
明治大学出版会